JN042549

日本史でたどるニッポン

本郷和人 Hongo Kazuto

★──ちくまプリマー新書

344

目次 * Contents

第一章　**日本は最初からひとつの国だったのか**……11

陸奥《むつ》
出羽《でわ》
佐渡《さど》
能登《のと》
越後《えちご》
越中《えつちゅう》
平安京《へいあんきょう》
加賀《かが》
下野《しもつけ》
上野《こうずけ》
越前《えちぜん》
飛騨《ひだ》
信濃《しなの》
常陸《ひたち》
丹後《たんご》
但馬《たじま》
播
若狭《わかさ》
美濃《みの》
武蔵《むさし》
下総《しもうさ》
甲斐《かい》
丹波《たんば》
播磨《はりま》
山城《やましろ》
近江《おうみ》
尾張《おわり》
相模《さがみ》
上総《かずさ》
江戸《えど》
摂津《せっつ》
三河《みかわ》
駿河《するが》
伊賀《いが》
遠江《とおとうみ》
伊豆《いず》
淡路《あわじ》
河内《かわち》
安房《あわ》
伊勢《いせ》
大和《やまと》
志摩《しま》
鎌倉《かまくら》
和泉《いずみ》
紀伊《きい》
平城京《へいじょうきょう》
明石《あかし》

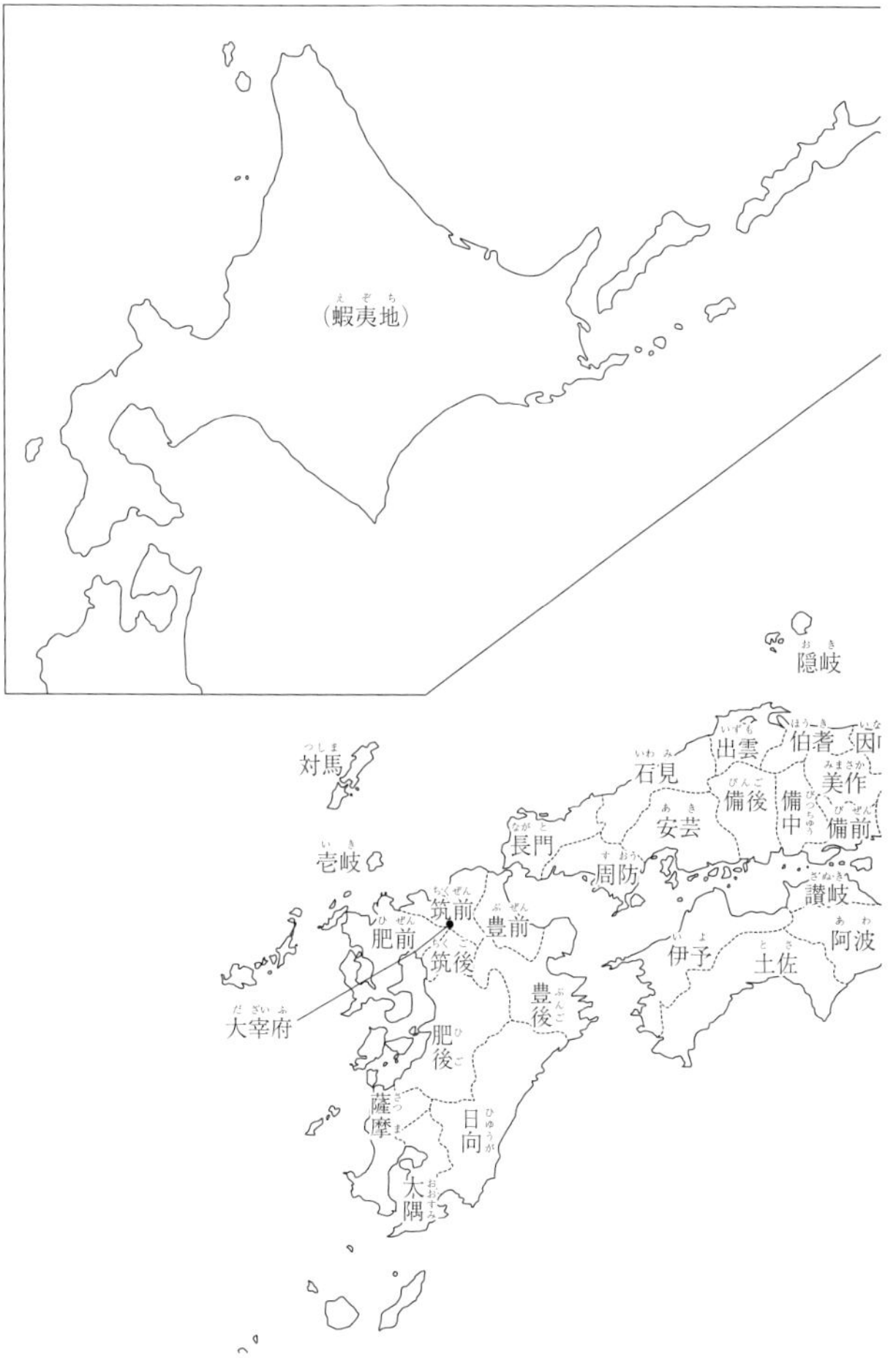
（蝦夷地《えぞち》）
隠岐《おき》
出雲《いずも》
伯耆《ほうき》
石見《いわみ》
美作《みまさか》
備後《びんご》
備中《びっちゅう》
備前《びぜん》
安芸《あき》
長門《ながと》
周防《すおう》
讃岐《さぬき》
対馬《つしま》
壱岐《いき》
筑前《ちくぜん》
豊前《ぶぜん》
肥前《ひぜん》
筑後《ちくご》
阿波《あわ》
伊予《いよ》
土佐《とさ》
大宰府《だざいふ》
豊後《ぶんご》
肥後《ひご》
薩摩《さつま》
日向《ひゅうが》
大隅《おおすみ》

構成…諸井里見

第一章　日本は最初からひとつの国だったのか

日本は地政学的に恵まれている

僕たちは子どもの頃から「日本という国はひとつの民族が、ひとつの言語を使い、ひとつの国家を形成して、長い長い歴史を持っている」というふうに習いますよね。けれども、もしかするとこういったとらえ方は、天皇を現人神《あらひとがみ》（この世に人の姿として現れる神）とした、明治時代から戦前までの教育の名残なのかもしれないと思っています。天皇を〝生き神様〟とする教育が行われたのは、ある程度やむを得ない面もありました。日本は明治時代から、天皇を中心とする中央集権国家づくりを始めましたが、そういうときに歴史が利用されることが多いのです。それなりの歴史がある国は「うちの国は歴史が古いんだ、昔から中央集権国家なんだ」と言いがちです。

なぜ、そんなことをわざわざ声高に言わないといけないのでしょうか。日本の場合、明治時代から戦前にかけて、中国に対して戦争や侵略をし、朝鮮半島を植民地にしましたが、それを行おうとしたとき、歴史の古さでも負けるわけにはいかなかったからです。歴史の古さなんてどうでもいいじゃないかと思う人もいるでしょうが、その時代の国が置かれた環境や状況、価値観などによって、そういうことをいわなければいけないときもあるのです。おそらく日本は明治維新のときに「ひとつの国家である」と強烈にいった。国民が一致団結して、一刻も早く強固な中央集権国家をつくり上げ、アメリカやイギリス、フランスといった列強の餌食、植民地にならないようにしなければならなかったからです。

自分の国の歴史を古くしたがるのは、なにも日本に限ったことではありません。中国は悠久の歴史があることは間違いなく、最近は四〇〇〇年の歴史といっています。一方、韓国は五〇〇〇年の歴史がある、と韓国歴史学会のトップである偉い先生が述べられています。五〇〇〇年前に、檀君《だんくん》という王が建国したというのです。ところが、檀君が建国した後の歴史はよくわからない。日本はどうなのかといえば、神武《じんむ》天皇が辛酉《かのととり》年一月一日、今の暦に直すと紀元前六六〇年二月一一日に建国したとされ、この日は〝建国記念の日〟という祝日になっています。でも、やはりその後の歴史は正直よくわからない。初代から一〇代目ぐらいまでの天皇は寿命が一〇〇歳を超えていて、大昔にそこまで長生きできたのだろうか、と疑問に感じる人もいるでしょう。

日本では建国にまつわる記述は神話である、というのが歴史学者の認識となっていますが、日本が列強の餌食にならなかったこと、他国の植民地になったことが一度もないのは歴史的事実です。だけど、それは歴史が古かったからではなく、周りを海に囲まれた島国である、という地政学的要因に助けられたのが一番の理由だと考えられます。他国と海で隔てられているため、侵略を受けにくかったのです。今の人は船で行けばいいじゃないかと思うでしょうが、昔は海が荒れたら沈没することも珍しくなかったので、大勢の兵を船で運ぶのは容易なことではありませんでした。海、それから大きな川も、侵略を防ぐ砦《とりで》になっていたのです。

たとえば中国の三国志時代（一八四～二八〇年頃）には魏《ぎ》、呉《ご》、蜀《しょく》という三つの王朝があって、一番有力で領土も広かった魏の曹操が呉に攻め入ります。魏と呉の間には、長江《ちょうこう》（揚子江《ようすこう》）という海のように広い川（ある中国人が瀬戸内海を見て、なんだ日本にも長江のような川があるじゃないか、と言った笑い話があります）が流れていて、魏は長江での〝赤壁《せきへき》の戦い〟で敗北します。そして曹操は二度と、呉を本格的には攻めませんでした。長江を克服するのは難しかったからです。もちろん他にも再攻撃しない理由はありましたが、長江の存在が非常に大きな要因になっていたのは間違いありません。

日本でも、川が大きな壁になっている例があります。鎌倉時代、覇権を握った北条氏は伊豆国《いずのくに》（静岡県）から出てきて、相模国《さがみのくに》（神奈川県）それから武蔵国《むさしのくに》（東京都、埼玉県と神奈川県の一部）を押さえて、上野国《こうずけのくに》（群馬県）のほうへ勢力を伸ばします。つまり関東平野を北上していき、房総半島（千葉県）には向かわなかった。戦国時代になると今度は後北条氏という戦国大名が伊豆国に現れて、北条氏とまったく同じ道を辿《たど》る形で勢力を伸ばしていきます。

後北条氏の元々の名字は〝伊勢《いせ》〟で、祖である早雲の息子の代から北条に改姓しましたが、鎌倉時代の北条氏と区別するために、後北条氏と呼ばれています。後北条氏の勢力の伸ばし方が同じなのは真似をしたのではなく、そうせざるを得ない理由があったからです。房総半島に行くためには利根川《とねがわ》を渡らなくてはならなかったので、鎌倉時代の北条氏・戦国時代の北条氏、どちらも行かなかったのです。中世以前の利根川は今の隅《すみ》田川《だがわ》、荒川辺りを流れて東京湾に注ぐ非常に大きな川で、利根川の向こうには行かないという感覚が、その頃の人にはあったのでしょう。

後北条氏が台頭する少し前の時代には、利根川を挟んで東側に鎌倉公方《くぼう》の系譜を引く古河《こが》公方がいて、西側は関東管領《かんれい》の上杉氏が支配し、バチバチッと火花を散らして対立していました。鎌倉公方は室町幕府が関東統治のために設置した機関の長で、関東管領はその補佐役でしたが、対立するようになります。身の危険を感じた鎌倉公方は、拠点を鎌倉（神奈川県）から古河（茨城県）に移したので古河公方とも呼ばれました。利根川を境に両者の勢力圏が分かれていたのです。ちなみに利根川は徳川家康が江戸に幕府を開いた際、川筋を変える大工事が行われて、今のように鹿島灘《かしまなだ》へ注ぐ形になりました。利根川が流れていたために江戸は湿気が多く、たくさんの人が住めるような土地ではなかったのですが、川筋を変えたことで住みやすくなったのです。

最初は西日本中心の国だった

海に囲まれているという日本の地政学的要因は、デメリットもあるのでしょうが、メリットのほうがはるかに大きかったと思います。前述したように、他国からの侵略を受けにくかったからです。外敵に侵略されなかったのは、日本の歴史を成す相当大きな条件になっていて、それゆえに日本は最初からひとつの国だったと考えがちにもなるのですが、本当にそうなのでしょうか。

そのことを考察する上で、僕が着目したのはお金です。日本最古のお金は、七〇八年に鋳造が始まった和同開珎《わどうかいちん》とされてきましたが、富本銭《ふほんせん》というお金が発掘されて、和同開珎より古いお金ではないかといわれています。富本銭については祭祀《さいし》に用いるもので、本当の意味でのお金ではないという意見もあれば、これはれっきとしたお金だという意見もあります。一方、和同開珎もお金として使われていたのか、よくわかりません。

僕たちが今使っている一万円札は実際には三〇円ぐらいでできるらしいのですが、北は北海道から南は九州、沖縄まで、一万円として使われています。それが可能なのは、全国民が三〇円ぐらいの紙きれでしかない一万円札に、一万円の価値があると認めているからです。要するに一万円札が日本全体に浸透して、その価値を全国民が共有している。このことは、日本がひとつの国である証拠になるわけです。

お金は一万円札のように全国で流通して初めて、お金としての役割を果たします。そうでなければ、お金とはいえません。そう考えると、古代に鋳造された和同開珎を含む皇朝十二銭と総称される一二種類のお金は本当にお金だったのか。これらのお金が日本列島の隅々まで流通していたとは、とてもじゃないけど考えられません。当時の商取引は基本的に物々交換で、米や絹が貨幣の代わりとして使われていたのが実態でした。日本にお金が浸透して、お金による商取引が行われるようになったのは、一三世紀第二四半期（一二二六～五〇年）頃といわれています。このようにお金について考えてみると、日本が最初からひとつの国だったとはいえないのではないでしょうか。

では、昔の日本はどうなっていたのか。かつて歴史学者の網野善彦《あみのよしひこ》先生が、日本列島をひっくり返して考えてみようと提唱されて、日本列島をぐるっと回転させました。そうすると、朝鮮半島との間に広がる日本海が、中国や朝鮮半島との交易に適した海であることが一目瞭然でわかり、江戸時代までは日本海側が表玄関で、太平洋側ではなかったというようなことを網野先生は言われました。そのことを参考にしながら、日本の内実はどうだったのかと考えると、日本は西日本に偏った西国型国家から出発したのだろうと考えられます。

西国型国家は後々まで出てきますが、日本という国の在り方は西高東低です。日本には日本海を渡って、東南アジアや中国、朝鮮半島などから新しい品物や文化、あるいは政治制度といったものが入ってきました。そのときに玄関口となったのは、潮の流れから博多《はかた》（福岡県）辺りと考えられ、そこに船が着いて物資が陸揚げされて国内の船に積み替えられ、東へと運搬されました。常に西から東へと伝播《でんぱ》していったのです。

今は東京〜大阪が経済の大動脈ですが、当時は瀬戸内海でした。当時の人の感覚では、日本の東のはずれは大和《やまと》（奈良県）だったと思います。大和には日本で最初の本格的な都が造営されましたが、物流を考えれば博多辺りのほうが利便性は高かったはずです。しかし外敵が攻めてくるとしたら、中国や朝鮮半島のほうから来るわけですから、外敵から一番遠い大和に都をおくのが安全だと考えたのでしょう。

大和朝廷の頃は宮崎あたりまでが日本

名実ともに天皇を中心とする政権が大和に誕生したのは七世紀、天智《てんぢ》天皇、天武《てんむ》天皇、持統《じとう》天皇の頃です。天智天皇は六四五年の大化の改新で天皇を凌《しの》ぐ権勢を誇った豪族の蘇我《そが》氏を滅ぼした中大兄皇子《なかのおおえのおうじ》、天武天皇は天智天皇の弟、持統天皇は天智天皇の娘で、天武天皇と持統天皇は夫婦でした。大化の改新から天智、天武、持統へと続く時期に、日本は大きな画期を迎えたといえるでしょう。

日本という国号、天皇という称号がつくられたのはこの頃だといわれています。それ以前、天皇は大王《おおきみ》と呼ばれていました。日本は中国（唐）の皇帝で中国史上唯一の女帝である武則天（則天武后）に、大王の名称を天皇に変えた旨を報告したはずです。よく中国が、すんなり認めたと思います。その頃は朝鮮半島やベトナムにも王朝がありましたが、これらの国は中国の支配下におかれ、王様が「皇」の字を使うことは許されず「王」とされ、中国の皇帝を頂点に支配下の国々の王が何人もいるという構造だったからです。

皇帝、天皇の「皇」は英語ではエンペラーという意味で、皇帝も天皇も英語ではエンペラーと訳されます。要するに、日本の天皇は中国の皇帝と同格ですよ、小なりといえども独立国で中国の支配は受けませんよ、と表明したわけです。当時の中国は大国でしかも先進国、日本は国力の弱い発展途上国だったので、ふざけるなと怒りを買って攻撃されてもおかしくなかった。そうならなかった要因の一つは、朝鮮半島やベトナムが中国と地続きだったのに対して、日本は中国と海で隔てられていたからだと考えられます。海を渡る危険を冒してまで、日本を支配下におく必要性を感じなかったのでしょう。

元号は中国が始めた制度で、朝鮮半島やベトナムの王朝では、独自に元号を制定することも許されず、中国の元号をそのまま使っていました。しかし日本は、持統天皇が孫の文武天皇に譲位して上皇だったときの七〇一年に、「大宝」という独自の元号を制定します。日本における最初の元号は、大化の改新が起きたときの「大化」だといわれていますが、その後はあったりなかったりする時期が続いて、今日の「令和」まで連綿と続くようになったのは大宝以降です。

この時期には、肇国《ちょうこく》神話も形成されます。肇国は初めて国をつくるという意味で、概略は次のような内容です。神々が暮らす高天原《たかまのはら》にいた天照大神《あまてらすおおみかみ》は、孫の瓊瓊《にに》杵尊《ぎのみこと》に三種の神器〝八咫鏡《やたのかがみ》、天叢雲剣《あめのむらくものつるぎ》、八坂瓊勾玉《やさかにのまがたま》〟を授け、日本を治めるように命じます。瓊瓊杵尊はそれを携えて日向《ひゅうが》（宮崎県）の高千穂《たかちほ》に天降《あまくだ》る〝天孫降臨〟を果たします。瓊瓊杵尊から三代は日向に留まりますが、瓊瓊杵尊の曾孫《ひまご》・神武天皇が瀬戸内海を東に進んで大和に至り、大和の豪族を平定して日本という国をつくったとされています。

肇国神話はそれまで伝承されていた神話をつなぎ合わせて編成されたのだと思います。このような神話がつくられたのは、天照大神直系の子孫が天皇であるとすることで、天皇の権威づけを行い、統治者としての正統性を示すためだったと考えられます。

さらに、この時期の政策として特筆すべきなのは、初めて国、今でいう県が置かれたことです。現在の東京、埼玉と神奈川の一部は武蔵国、神奈川の大部分は相模国というふうに全国に配置されました。着目したいのは東北地方です。東北地方には太平洋側に陸奥国《むつのくに》、それから日本海側に出羽国《でわのくに》、この二国が置かれたに過ぎません。つまり青森県、岩手県、宮城県、それから福島県という広大な地域に陸奥国ひとつだけ、秋田県と山形県にまたがるようなかたちで出羽国のみです。これは何を意味するのかといえば、中央の大和朝廷は東北地方の統治をまじめにやる気がなかったということだと思います。どんな人たちが住み、どんな暮らしをしていたのかということにも、あまり注意を払っていない気がします。そのことは天智、天武、持統の頃の国家モデルは肇国神話を踏襲していて、大和から西の九州まで、鹿児島は隼人《はやと》と呼ばれる人たちが支配していたので、宮崎あたりまでが日本、という意識が強かったことを示しているのではないでしょうか。

関東は統治の及ばない田舎だった

六七二年に天智天皇が亡くなると、〝壬申《じんしん》の乱〟という内乱が起きます。天智天皇は自分の後継者に、のちに天武天皇となる弟の大海人皇子《おおあまのおうじ》を指名していましたが、自分の息子である大友皇子に譲りたくなって、大友皇子を太政大臣という今の内閣総理大臣のような要職につけます。大海人皇子は天智天皇の心変わりを察知し、殺害されるかもしれないと思って、大和から遷都して都とされていた近江国《おうみのくに》（滋賀県）の大津から、山深い吉野（奈良県）へ逃げます。そして天智天皇が亡くなるとすぐに挙兵して、大友皇子の排除に乗り出します。

このとき大海人皇子は吉野からまず伊勢国（三重県）に入り、鈴鹿《すずか》を通って尾張国《おわりのくに》

（愛知県）に向かい、そこを通過して美濃国《みののくに》（岐阜県）の関ヶ原に自らの本営を置きます。後に徳川家康と石田三成《いしだみつなり》が対峙《たいじ》した〝関ヶ原の戦い〟で知られる、あの関ヶ原です。

大津から関ヶ原までは米原《まいばら》（岐阜県）を経由してほぼ一直線の道が延びていたので、大友軍はここを通って関ヶ原まで行かねばなりません。大海人皇子は戦に臨むにあたって、関ヶ原の不破《ふわ》を封鎖し、その近くの和射見《わざみ》というところに陣営を置きます。当時の日本は壬申の乱の九年前、朝鮮半島で起きた〝白村江《はくそんこう》の戦い〟（第二章「外圧でしか変わらないニッポン」参照）に、西国から兵を動員して参戦し、大敗を喫して多くの兵を失いました。そのため、西国から兵を集められない状態でした。大海人皇子はそれを見抜き、今まで兵を集めていない東国、つまり不破より東側の地域から兵を集めるために、この地を封鎖したのでしょう。

この後の一連の戦いで大海人皇子は大友皇子に勝利し、天武天皇となります。天武天皇は都を大和に戻し、自分の軍事行動を参考にしながら、都を防衛するために「三関《さんかん》」と総称される三つの関所を整備しました。今の福井県に愛発《あらち》関、これは北陸道を押さえるための関所です。それから自分が本営を置いたところに不破関。不破関は東山道を押さえるためです。そして自分が通った東海道を治めるための鈴鹿関です。この三つをしっかり押さえておけば、東からの敵の侵入を防げると考えたのでしょう。

三関は七八九年に廃止されますが、〝固関《こげん》〟という朝廷の儀式として江戸時代まで残ります。固関の儀は天皇の代替わりや有力な貴族が亡くなったときなどに、ほかの儀式に先だって行われます。古代の研究者の間では、固関には天武天皇が整備した三つの関を固めることで、悪党が都から東の方へ逃げ出さないようにしたことを象徴する意味合いがあるというのが定説になっていますが、僕は逆だと思っています。敵が東から都に入ってこないように、まず関所をしっかり固めて、それからいろんな儀式をやるということではないでしょうか。

ここで理解しておくべきなのは、関所はすべて都の東側につくられていたことです。都の西側に関所はなかった。それは中国や朝鮮半島方面から外敵が攻めてくる可能性は低い、敵が攻めてくるとしたら関の東側からだと考えていたからでしょう。「関東」という呼称は三つの関より東という意味で、関東は大和朝廷の統治の及ばない地域、言葉を変えれば〝田舎〟という認識だったのです。現在は中部地方と呼ばれる地域も、天武天皇の頃は関東に含まれていました。西国型国家が発展して朝廷の力が東に延びるに従って、関東と呼ばれる地域が狭くなり、現在と同地域が関東となるのは平安時代になってからです。

一方、〝関西〟という言葉が生まれたのは、明治時代以降だと思われます。都に住んでいる人たちが、自分たちの住んでいる場所を相対化して名称をつける場合、江戸時代に登場する〝上方〟になります。上方という表現になったのは、自分たちが住んでいるところは都会、関東は田舎という意識があったからだと思います。

また江戸時代までは、壬申の乱で敗れて自害した大友皇子は、天皇にはなっていないとされていました。ところが明治時代になるとこの認識は逆転し、明治時代に弘文天皇という称号をおくられて、正式に第三九代天皇と認められます。

明石も鄙、大宰府はど田舎だった

天智、天武、持統の時代には、中国に倣った国家の基礎づくりも始まります。中国の律令制度という法体系を取り入れたことがその代表です。律は刑法、令はそのほかの法律を指し、力が強いものが勝つという弱肉強食の世界ではなく、法律という明確な基準を設けて国を治めることにしたのです。

さらに、天武、持統は大和で都城という都市計画に基づく都の建設にも着手します。それまでは天皇が替わるたびに、場所を移して宮殿をつくり替えていたのですが、それをやめることにしたのです。都城も中国の模倣で、最初に作られたのは現在の橿原《かしはら》市と明日香村にまたがる「藤原京」といわれています。天武天皇は藤原京の造営途中に亡くなりますが、持統天皇が完成させます。この藤原京には持統、文武、元明の三代にわたる天皇が住み、元明天皇の時代の七一〇年に「平城京」へ遷都します。平城京は現在の奈良市から大和郡山市にかけてのあたりにありました。

七九四年には桓武《かんむ》天皇が京都に「平安京」を新たに造営して、都が奈良から京都へと移されます。桓武天皇は初めて征夷大将軍《せいいたいしょうぐん》という役職を定め、坂上田村麻呂《さかのうえのたむらまろ》を任命して東北に兵も送ります。征夷大将軍は蝦夷《えぞ》と呼ばれた東北地方に住む人々を征伐する軍の総大将を指し、後に政権を掌握する武士のトップの称号となります。桓武天皇の大きな事績は、平安京造営と東北征討だといわれています。つまり、朝廷の勢力を東へと広げていったわけです。

しかし、坂上田村麻呂の軍事行動をリアルに考えると、兵の食料補給はどうしていたのかという問題があります。遠征軍は各地で食料を補給しながら、進んでいかなければなりません。兵も食べなければ戦えませんからね。朝廷が東国に兵を食べさせることができる農民を配していた、と考えるのは相当無理があると思います。まだ、そこまで朝廷の力は及んでいなかったでしょう。となると、住民から食料を略奪するしかありません。

坂上田村麻呂の東北での活躍を伝える華々しい逸話は、あくまでも侵略とか略奪の類だと、僕は思っています。教科書には坂上田村麻呂が東北を平定して統治したようなことが書かれていますが、東国が朝廷のいうことを聞くようになったのかといったら、そういうイメージはまったく持てません。戦国時代の戦をみるとよくわかりますが、侵略や略奪、あるいは皆殺しをして、その土地を自分の領地にしても治めることはできないのです。誰も残忍な領主に従って、税金を払ったりしませんから。その土地の農民たちを味方にしないと、治めることはできません。

そうした中で、平安時代の貴族たちの偽らざる意識を端的に表している文学作品として『伊勢物語』が挙げられると思います。主人公の〝男〟は貴族の在原業平《ありわらのなりひら》をモデルにしていると思われ、物語には〝都と鄙《ひな》〟という対比が背景として必ず出てきます。鄙は田舎という意味で、鄙に行くとろくなことが起きないのです。一番有名なのは、在原業平が後に清和天皇のお妃になる藤原高子《たかいこ》をさらって逃げた事件をモチーフにした話で、男が女をおぶって逃げる場面があります。ところが、大阪の辺りに差しかかると鬼が出てきて、その女を食べてしまいます。実際は藤原氏の追手が高子を取り戻すのですが、当時の貴族の意識では大阪辺りは鬼が出るような鄙だったのです。

『源氏物語』では、主人公の光源氏が左遷されて、今の兵庫県の明石《あかし》に飛ばされます。僕たちの感覚からすれば、明石は京都からさほど遠くない気がしますが、当時の貴族たちにとって明石も鄙なのです。そして源氏は「鄙にはまれな」美女、明石の君と出会うのです。そういう意識ですから、当時の貴族たちは都のことだけ考えていればいい、地方のことなんかどうでもいいと思っていたのでしょう。

それを如実に示しているのが菅原道真《すがわらのみちざね》です。これは物語ではなくて史実ですが、右大臣だった菅原道真は中央政権で失脚して地方行政機関の大宰府《だざいふ》（福岡県）に左遷されます。左遷された道真が任じられたのは大宰権帥《だざいのごんのそち》という大宰府の長官で、九州九か国を束ねるような役職です。これはもう相当偉いわけです。だけど道真の死後、道真を失脚させた貴族が溺死したり、内裏《だいり》（皇居の古称）に雷が落ちて燃えたりすると、左遷に怒った道真の祟《たた》りだということになります。九州地域のトップになったのに、そこまで怒るかな、というのが僕の率直な思いですが、当時の貴族にとって九州に飛ばされるのは、殺されるのと同じぐらい酷い仕打ちだと受け止められたからこそ、これは祟りに違いないと思うわけです。それだけ都中心主義だったということです。

そうすると、当時の貴族にとって関東地方はど田舎だった。そういう意識をもっていたことは、日本の歴史を考える上で押さえておく必要があると思います。その関東から出てきたのが武士です。都の貴族たちがあずかり知らぬ関東で活動していた武士の中から、朝廷に反旗を翻す平将門《たいらのまさかど》という新勢力も生まれました。

都にも平清盛をはじめとする武士がいました。武士の本質は都の武士なのか、それとも関東の田舎の武士なのかという議論があります。都で食い詰めた貴族が関東に行って武士になることもありましたが、貴族と武士は違う性格を持っていたことを考えると、関東の田舎の武士こそが武士の本質だと思います。キーワードは〝自力救済〟です。

朝廷は律令という法の体系で日本という国を治めることになっていましたが、これは本当に画《え》に描いた餅で、法による支配が及ぶのは京都とその周辺ぐらいでした。前述したようにお金は存在していましたが、実際にお金で商売ができた地域も同様だったと思います。関東地方をはじめとする田舎にまで法の適用が及び、お金による商取引が行われていたとは到底考えられない。田舎の武士たちは自分たちの掟《おきて》に従って、自分たちの力だけで生きていたのです。

法の力が田舎にまで及ばないことを示唆する、以下のような有名な物語があります。大江匡房《おおえのまさふさ》という貴族が、四国の国司（朝廷から地方へ派遣された行政官）に任命され、任務を終えて京都に戻るとき、財宝を積んだ船を二隻率いていました。一隻は法に従って国司として務めることで蓄財したもの、もう一隻には非合法的な手段で得た財宝が積まれていました。そうしたら海が荒れて、非合法で得た財宝を乗せた船が沈んでしまいました、というストーリーです。匡房は悪徳国司だったかというと逆で、非常にいい管理者である〝良吏《りょうり》〟として知られていました。つまり、良吏の匡房ですら非合法の蓄財をしていたのです。地方を公平に治めることはあまり考えず、取れるところから取るという搾取を主にやっていたのだと思います。

法の及ばない関東で力を蓄えた源頼朝

四国よりずっと田舎だった関東は、基本的に法の支配、正義がまかり通らない世界でした。有力者たちは、自分の身や利権を自分自身で守らないといけなかった。そのために、彼らは武装をするわけです。要するに戦う準備を自分でやらなければいけなかったので、まずは馬に乗ること、それから弓矢を操ることを習得していく。そういうふうにして、武士というものが誕生したのだと思います。そのような武士が活躍する関東で、武士から成る集団を立ち上げたのが源頼朝であり、それが鎌倉幕府という政権になっていったと考えられます。

このとき忘れてはいけないのは、源頼朝は自分の意志で関東に行ったのではなく、平清盛によって武士が支配する関東の入口となる伊豆国へ追放されたことです。一一五九年に起きた〝平治の乱〟の際、頼朝は父親の義朝《よしとも》に連れられて一三歳で参戦します。父親は討たれ、自身は捕まって平清盛の前に引き出されました。すると、清盛は頼朝の命を助けるわけです。当時の武士の常識からすると、まずあり得ないことでした。頼朝は三男でしたが、正統な嫡流で源氏の後継者になることが決まっていたので、首を討たれるのが当然です。しかも関東は義朝の本拠地だったところで、伊豆国に追放するのは、反乱を起こせといっているようなもの、盗人に追い銭、敵に塩を送るようなものでした。

実際、一一八〇年に〝源平の戦い〟が起こります。頼朝の挙兵に踵《きびす》を接して、母親を同じくする頼朝のすぐ下の弟・希義《まれよし》はどうすべきか考えますが、まごまごしているうちにあっという間に殺されてしまいます。希義は四国の土佐国に流されていました。西国は平家がしっかりと押さえていたので、すぐに希義を捕らえることができたのです。だったら頼朝も、西国のどこかに追放しておけば、迅速に対応できたはずです。平家が頼朝に滅ぼされることはなかったかもしれない。なぜ清盛は、頼朝を伊豆国に流したのでしょうか。

それは都人たちが関東をど田舎と見ていたから。都人たる清盛はそこに頼朝を追いやれば、二度と都には戻ってこられないと思い込み、頼朝のことなんか気にもかけない、存在すら忘れていたからだと考えざるを得ない。ところが頼朝はゴミ溜めみたいに見られていた関東で、自力救済を旨としていた武士たちをまとめ上げて、鎌倉を拠点とする幕府をつくり、関東地方をだいたい治めた。ここで初めて、関東で政治が行われる可能性が出てきたのです。

関東には独立したいという思いが、おそらく平将門のときからあったと考えられます。細々とではあっても将門の記憶は、ずっと関東の人々の間で語り伝えられ共有されていたのではないでしょうか。それゆえ、東京には今も平将門を祭神とする神社がふたつある。ひとつは有名な神田明神、もうひとつは千代田区九段北に鎮座する筑土《つくど》神社です。

将門が果たせなかった関東の独立、自立を実現したのが頼朝でした。頼朝は朝廷の法である律令が及ばない関東に、自力救済と武力に基づく幕府を開いて統治するようになったことで、日本の国土を一・五倍ぐらいにしたともいえるでしょう。

平清盛は中国（宋）との日宋貿易によって財を成しましたが、質実剛健を旨とした頼朝は、東アジアとの交易を積極的に推し進めようとはしませんでした。つまり、西の経済圏とは接点を持たなかった。そうなると当然、質実剛健、質素倹約といった精神と親和性が高くならざるを得ないわけです。関東の武士たちはその路線に従って、鎌倉幕府を運営していき、幕府と主従関係を結んだ武士は〝御家人〟と呼ばれました。

最初に鎌倉幕府の財政的基盤となったのは、源平の戦いのときに手に入れた全国五〇〇か所に上る平家の所領です。一二二一年には後鳥羽《ごとば》上皇が討幕を命じた〝承久の乱〟が起こりますが、関東の武士たちは一致結束して勝利し、拠点を守っただけでなく、朝廷が持っていた全国三〇〇〇か所もの所領を手に入れます。幕府が得た新たな所領は西国が中心で、その土地に関東の武士が管理者である〝地頭〟として入っていくことになります。承久の乱は関東の武士たちの勢力が西国に伸びていき、関東と西国が混ざり合う契機にもなったのです。

ちょうど同じ頃に、中国（宋）から大量のお金が持ち込まれ、お金による商売が日本全国で行われるようになります。商業活動というのは、まさしく各地域を結ぶ契機になったと思います。それまで所領という不動産に依拠して質実剛健、質素倹約な暮らしをしていた関東の武士たちは、お金や商品といった動産にはあまり興味がなかったのですが、自らが西国に進出していき、時を同じくしてお金の経済が定着してくると、動産が欲しくなります。当時、日本と中国の間に国交はありませんでしたが、それでも民間ベースで日本にはない美しい磁器などが入ってきて、そういったものに魅了されてしまうのです。今の人が海外の人気ブランド品を欲しがるようなものです。

動産に対する興味が頭をもたげてくると、自分の土地を質に入れてでも、新しい品物を手に入れようとする武士が大勢出てきます。こうした動きは、御家人の所領の集積が財産となっている鎌倉幕府にとって、財産の目減りを意味します。日本列島の東と西が経済によって結びつけられ、緊密な連関がつくり上げられたことで関東の田舎性が際立ち、その結果、鎌倉幕府の力はだんだんと弱くなって、滅びることになったといえるでしょう。キーワードとなるのは、〝マーケットの拡大〟だと思います。

現在、大企業のほとんどは東京に本社があります。それは全国展開、あるいは世界に打って出ようと思ったら、経済の大中心地である東京に本社を置いたほうが、他社との取り引きや人材の確保などを考えると便利で効率がいいからです。鎌倉時代は経済の中心地が京都だったので、鎌倉幕府が西に勢力を伸ばして全国政権になればなるほど、ど田舎の関東を本拠にしていることが、アンバランスな状況を招いたといえるでしょう。

思い切って本拠地を京都に移転するという方法もありましたが、鎌倉幕府の性格上できなかった。米作り、農業に立脚する自力救済に基づいた政権だったので、田舎の関東に本拠が置かれ続けたのです。ところが、東と西が結びつく形でのマーケットの拡大によって、東アジアから様々な品物が入ってきて、消費する文化が生まれてくると、関東という田舎にある政権は時代遅れになっていくのです。鎌倉幕府が滅亡したのは実権を握った北条氏の失政を抜きにして、日本列島における経済のあり方の変化だけをみても、必然だったような気がします。

東北地方に花開いた平泉政権

東北地方はどうなっていたのかといえば、一〇八七年から約一〇〇年間、奥州藤原氏による〝平泉政権〟が花開きました。奥州は陸奥国の異称で、平泉（岩手県）を中心にして栄えた政権です。平泉の人たちには怒られるかもしれませんが、これはいってみれば〝歴史のあだ花〟です。なぜかといえば、下部構造の基本となる社会基盤が整備されていなかったからです。下部構造を十分に活用することで平泉政権が生まれてきたのなら、一一八九年に平泉政権が源頼朝によって滅ぼされた後も下部構造は残るので、当然東北地方の開発は進むわけです。だけど、そうはならなかった。東北地方は開発から取り残されることになります。

平泉政権が生まれたのは、奥州で非常に純度の高い金《きん》が産出されていたからだと考えられます。平泉は金の産地のすぐそばに位置し、この頃に創建された平泉の中尊寺金色堂は、建物の内外が総金箔《きんぱく》張りで、沖縄などで採れる夜光貝も用いられています。平泉では太平洋側から北上川に入るというルートで交易が行われ、平泉にはさまざまな物資が入ってきたのではないか、そのひとつの典型が夜光貝ではないかといわれたりしますが、それは違う気がします。

平泉が交易に適した場所であるのなら、この後に続く鎌倉、室町、戦国、江戸といった時代にもっと開発されてしかるべきです。ところが実際には平泉政権が倒れた後、平泉にはほとんど開発の手が延びなかった。これは交易が盛んに行われる、いわゆる交通の要衝ではなかった証拠といえるのではないでしょうか。当時は波の荒い太平洋側の交易はリスクが高かったので、あまり船が往来していませんでした。その点から考えても、やはり平泉政権は金が採れたから繁栄したあだ花、という性格を持っていたといわざるを得ないでしょう。

平泉政権の生命線だった金は埋蔵量が少なく、早晩採れなくなったので、頼朝に滅ぼされなくても、奥州藤原氏は自ら他へ拠点を移したのではないかと思います。平泉政権は京都から仏師などを招いて、平泉の人たちにいわせると、極楽浄土のような世界を実現しましたが、それをもう一回復興させるのは、金がなくなった時点で不可能になったのです。金が採れたからこその繁栄で、掘り尽くせば消滅するしかなかった、と考えたほうがいいのではないかと思います。

平泉で非常に興味深いのは毛越寺《もうつうじ》です。奥州藤原氏第二代基衡《もとひら》と息子の第三代秀衡《ひでひら》が、荒廃していた毛越寺を復興させ、往時は宇治（京都府）の平等院鳳凰堂《ほうおうどう》のような壮麗な建物が、いくつも立ち並んでいたといわれています。建物は残っていませんが、残された庭園の広さから、その壮大さを推し量ることができます。ただ不思議なのは毛越寺という名称です。平泉にあった無量光院《むりょうこういん》とか、それから中尊寺もそうですが、通常は仏教に関連した用語を寺名に使うのに、毛越寺の名称は仏教と関連がありません。

これは僕の師である五味文彦先生の仮説ですが、多分〝毛〟は上野（群馬県）と下野《しもつけ》（栃木県）を併せた辺りの地域名だった毛野国《けののくに》から、〝越〟は越前（福井県）、越中（富山県）、越後（新潟県）を併せた名称だった越国《こしのくに》からそれぞれ取って、そういう地域も含めた中で一番のお寺という意味だろうと唱えています。僕は当たっていると思います。彼らの脳裏に大和朝廷に支配されない毛野国、越国がかつてあったという伝説みたいなものが残っていたからこそ、毛越寺という寺名をつけたのでしょう。また、このことは大和朝廷が、まさに西国型国家だったことを示しているともいえます。

再び京都を中心とした室町幕府

日本列島の東と西が緊密に連関するようになると、米ではなくお金、つまり経済が重要になってきます。ですから鎌倉幕府の次の政権となった室町幕府は、日本列島に張り巡らされた流通網を踏まえた上で、その一番の中心である京都に拠点を置きます。そして、京都の町人、特に商人からお金で税金を取って財政基盤としました。それまでは地方から米や絹などの現物が税として納められていましたが、その必要がなくなって、効率が非常によくなりました。

しかし、そうした税の徴収方法は、農業を主体とする地域、特に関東に対して影響力が持てなくなります。現物を税として持ってこさせることができないからです。室町幕府の初代将軍・足利尊氏《あしかがたかうじ》は当初こそ日本全体を統治することにこだわりますが、晩年には息子のひとりを鎌倉に置いて〝鎌倉公方〟とし、関東を治めさせます。関東はもういいやという気持ちが、そこに垣間みえるわけです。

東北地方に対する室町幕府の統治はどうだったかといえば、ひと言でいえば無責任、いい加減の極みでした。奥州総大将とか奥州管領、奥州探題といったいろいろな呼称がありますが、いずれも東北を治める人の役職名で、室町幕府が派遣していました。奥州総大将は足利将軍の名代として東北を統治するので、家柄の高い足利氏縁者が赴きましたが、とんでもなくその場凌ぎの派遣で、統治に失敗したらじゃあ次の人ということになって、次から次に送り込まれたのです。

たまらないのは東北地方に派遣された人たちです。次の人に引き継ぎをして京都に戻れるかといったら、帰れないのです。引き継ぎもないまま、東北地方に捨て置かれ「はい、さようなら」です。前任者がどうなろうと知ったことではない、というのが室町幕府のスタンスでした。なかには父親が失敗したら、その息子が再チャレンジする場合もありました。そこで生きていくしかなかったからです。だけど、後任者がきている。その後任者が失敗したら、また次の人がくるので、ある一時期には四人の奥州総大将が並び立つという、信じられないような状況になったこともありました。

日本列島は最初からひとつの国だった、という大前提を崩さないで研究している歴史学者たちは、東北地方に次から次に送り込まれる奥州総大将をどう整合的に位置づけるか、一生懸命考えます。だけど僕のように、東北地方はどうでもいい存在だったことを前提にしている研究者は、そこに整合性がなくて当たり前だろうと考えられる。どうでもいいと思っている相手には、いい加減なことが平気でできますからね。

三代将軍の足利義満の時代になると、室町幕府は関東と東北地方の統治を完全に投げ出します。義満は一三九二年に、東北地方まで鎌倉公方に任せたと宣言したのです。東国の大名たちは鎌倉公方を助けなさい、京都に来る必要はありませんよと言った。一方、中部地方から西の大名たちは京都に来て、政治をちゃんと担当してください、運営してください、ということになります。これは東国の完全な切り離しだといえるでしょう。ここにまた西国型国家が姿を現し、中部地方から西で国家づくりが進められます。

義満は中国（明）との間に国交を開き、日明貿易も行いました。京都からの基本的な航路は、水路で堺《さかい》（大阪府）まで行って、堺から船出して瀬戸内海を通り博多に入る。今度はそこから船を出して、朝鮮半島や中国の寧波《にんぽー》などを拠点にして盛んに交易を行い、東南アジアや東アジアの品々を日本へ運んでくる。つまり東アジアに開かれた西国型国家が、義満の時代につくられました。関東、東北地方は、そうした交易の埒外《らちがい》に置かれることになったのです。

都から遠い東北地方は治める気なし？

室町幕府が統治を放棄した東北地方は、実際どうなっていたのかといえば、それなりに開発が進んでいきます。その時に一番重要な拠点となったのは、かつて栄えた平泉ではなく、会津（福島県）、それから白河（福島県）と米沢（山形県）です。会津と米沢は盆地で、盆地は開発や防衛がしやすいという利点がありました。福島盆地で勢力を持っていたのは伊達《だて》氏でしたが、戦国時代により防備に適した米沢に移ったので、伊達政宗が生まれたのは米沢城でした。政宗はともかくがむしゃらに、東北の中心地だった会津盆地を手に入れようと画策し、それを果たします。そうすると政宗は奥州の覇者と認められ、我も我もと政宗の家来になって、力を蓄えていくことになります。会津を治めたら、東北地方はほぼ俺のものみたいになるわけです。

ここで気がついていただきたいのは、米沢は今の山形県の南の端で、会津と白河は非常に関東地方へ近く、とくに白河は東北の入口とされていました。つまり、関東地方に近ければ近いほど繁栄している。北へ行けばいくほど、だだっ広い荒野があるだけで、なにもありませんというのが、当時の東北地方の状況だったのです。

鎌倉公方も、手をこまねいていたわけではありません。一人だと力を持ちすぎるおそれがあるので、弟二人を東北地方に派遣します。ひとりは郡山の篠川《ささがわ》（現・笹川）に赴いて篠川殿、もうひとりは須賀川の稲村に行って稲村殿と呼ばれます。でも、けっきょくのところ、どちらも福島県内です。この時代には、宮城県ですら行こうとする人はいなかったのです。

室町幕府の政権運営を示す興味深い歴史資料が残っています。それは室町四代将軍と六代将軍の政治顧問を務めた三宝院満済《さんぼういんまんさい》という醍醐寺《だいごじ》（京都）の高僧が書いた日記です。そこには、次のようなことが書いてあります。「室町幕府には初代の尊氏将軍以来、ひとつのポリシーがある。それは何かというと、遠隔地のことは上意のごとくならずといえども、これを差し置く、である」。要するに都から遠い地方は、将軍の意のままにならないことがあっても、それはもう我慢する、構いませんということです。つまり室町幕府には、全国を治める構想がはなからなかったといえるでしょう。

満済も『伊勢物語』に出てくる鄙（田舎）という言葉を使っていて、中部地方までは室町幕府の影響力が及ぶべき都の範疇、関東、東北地方は鄙だから、どうでもいいというのが室町幕府の意識だったと記しています。日本列島を室町幕府が統治するA地区、それ以外のB地区に分けると、A地区の大名が京都に集っていたことになります。一四六七年に起きた〝応仁の乱〟では、全国の大名が戦ったといわれますが、戦っていたのは全員A地区の大名で、B地区の大名は参戦していません。

応仁の乱は一一年も続いて京都は荒廃し、A地区の大名たちは疲弊して、もう京都にはなんの未練もありませんといって、みんな国元へ帰っていきます。でも、それまで京都に常駐して、地元をほったらかしにしていたA地区の大名たちは、現地の武士から愛想を尽かされて、誰もいうことを聞きません。地元で頑張ってなにかをしたこともない殿様は、地元と縁が切れて総スカンを食らいます。

その結果、A地区の大名の大半は戦国大名になり損ないます。室町幕府から認められていた守護大名から、己の実力で支配する戦国大名に成長していけなかったのです。一方、B地区の大名は戦国大名として、すくすくと成長していきます。

関東の監視役として特別扱いされていた駿河《するが》（静岡県）の今川は、B地区を監視しろ、京都まで来なくていいといわれて、地元に留まっていたので戦国大名になれました。それから甲斐《かい》（山梨県）の武田、越後（新潟県）の上杉なども戦国大名になっていきます。東北地方は昔の秩序がそのまま残っていたので、伊達とか最上《もがみ》が戦国大名になります。

九州は貿易の玄関口だった博多のみA地区で、あとはすべてB地区、つまり田舎扱いだったことが幸いして、大友や島津といった大名は戦国大名になります。博多の近くに国があった少弐《しょうに》という大名は、戦国大名になったけど、あまり強くありません。

戦国時代「戦は金」

応仁の乱を機に室町幕府が弱体化していくと、日本は戦国時代に突入します。ここでも着目すべきはお金です。こういっては身も蓋もありませんが、戦は金次第、金を持っているやつにかなわない。兵が多ければ多いほど戦で有利になりますが、前述したように兵を食べさせないといけない。人数が多ければ、それだけ金がかかるからです。

僕は「戦は金」という視点が、非常に大事だと思っています。戦争とはなにかと考えた場合、けっきょくは金です。金を持っているほうがたいてい勝ちます。強い軍隊をつくれますからね。『北斗の拳』のケンシロウみたいな超人を揃《そろ》えれば、少数精鋭の最強軍隊も可能でしょうが、現実には無理です。そうなると、数がものをいう。一〇〇人と一万人の軍隊が戦ったら、一万人のほうが勝つわけです。だけど、一万人を食わせるためには金が必要です。だから金がなければ、強い軍隊はできないことになります。

日本がアメリカと戦った太平洋戦争時、日本の経済規模はアメリカの約一〇分の一でした。貧乏でも創意工夫すればアメリカに勝てるということで開戦しましたが、それだけの経済格差があると、まともに戦って勝てる可能性は限りなく低い。歴史学を学ぶ人間は「金が歴史を動かす」という、渇いた視点を持つことが肝要かと思います。

戦国時代に一番金があったのは京都の中心部でしたが、ど真ん中にはいろいろな勢力が行ったり来たりしているので、大きな勢力はなかなか生まれませんでした。武田や今川も戦国大名として順調に成長したものの、田舎だから金がない。

そうなると、京都と田舎の中間辺りにいる大名が強いということになって、尾張（愛知県）の織田信長が出てきたのではないでしょうか。信長は早々に商業が盛んな堺（大阪府）を押さえ、お金を吸い上げます。織田家は尾張の津島という商人の町を拠点にして、そこでお金を得て勢力を拡大していったので、信長は商業が盛んな町を配下に置く重要性を熟知していたのでしょう。信長が天下を取ったのは、偶然ではないと思っています。信長のように能力のある人間が、金を持ったら一気呵成《いっきかせい》になるということです。

秀吉が初めて日本を統一

戦国時代の覇者となった信長は、経済の申し子ともいえる人で、物流を担う水運と密接に結びついていました。最初の本拠地は庄内川下流の清須《きよす》（愛知県）、それから長良川沿いに北上して岐阜に移り、次は安土（滋賀県）に入ります。安土は琵琶湖の水運を活用できるところです。川から湖へと、水運を十二分に活用しました。

信長は天下統一を目前にして〝本能寺の変〟で自害し、豊臣秀吉が後継者となります。秀吉は大坂に築城しますが、なぜあんなにパッと大坂へ行ったのか。それは信長が死ぬ前に安土から大坂へ居城を変えるつもりだったのを秀吉が知っていたから、すぐに実行できたのだろうという考え方がもっぱらです。つまり信長は川から湖、さらには海へと狙いを定めていた。南蛮（ヨーロッパ）貿易もしていましたから、信長が目指した国家は西国型国家の発展形といえるでしょう。

一方、大坂を拠点とした秀吉は大坂、伏見、京都を水運で結んで、三都物語みたいな形の都の構想を持っていたと考えられます。伏見は現在、京都府に含まれますが、昭和初期までは京都とは別な都市として独立していました。けっきょく秀吉も室町幕府の西国型国家を継ぐわけですが、最初にいった〝ひとつの言語、ひとつの民族、ひとつの国家〟という意味では、豊臣政権が初めて日本を統一したといえるでしょう。

それはいつかといえば一五九〇年、秀吉が小田原攻めで後北条氏を滅ぼした時で、日本はこのときに初めてひとつの国家になったのだと思います。北海道はまだ入っていませんけどね。ところが秀吉は、朝鮮出兵をやらかして朝鮮半島との関係を壊し、中国との関係まで壊してしまいます。当時の日本の国力を考えれば、秀吉の朝鮮出兵は無謀で、しくじったのは当然といえるでしょう。

家康は秀吉の失敗を受け継いで政権を作ることになりますが、ふたつの選択肢があったと考えられます。西国型国家を受け継ぐか否かのどちらかです。僕はどっちもあり得たと思います。西国型国家を選んだときのメリットは儲《もう》かることです。西国は商業の中心地ですからね。デメリットは商業を繁栄させるためには、秀吉が壊した朝鮮半島や中国との関係を修復する必要があったこと。家康は正面から向き合って解決するのは難しい、と思ったのではないでしょうか。

当時、家康は江戸にいたので、江戸で政権づくりをすることができましたけれども、やはりメリット、デメリットの両方があった。デメリットは儲からないこと。当時の江戸はお金ではなく米、つまり商業ではなく農業が主体である地域だったからです。江戸に幕府を開くことは、鎌倉幕府の再現となります。メリットは朝鮮半島や中国への玄関口である博多から遠い江戸なら、とりあえず外交問題を終息させる方向へもっていきやすかった。けっきょく家康は、朝鮮出兵を発端とする東アジアとの関係修復に一線を引く意味で、関東を選んだのでしょう。江戸に幕府を開いて、三代将軍家光のときに鎖国が完成します。

近世を専門とする学者の間では、江戸時代に鎖国があったのか、なかったのかという議論がありますが、僕は「鎖国はなかった」とするのは危険ではないかと思っています。確かに長崎の出島ではポルトガルやオランダと交易をしていました。しかし幕府の方針としては、海外と積極的に交易しようというトレンドではなかったことは間違いない。厳密性を求めるより、全体的な傾向をみるべきではないでしょうか。（第五章「日本史を学ぶ意義」参照）

鎖国について考えるときに問題になってくるのは、鎖国に踏み切る際にポルトガルやスペインといったヨーロッパ諸国が、どこまで関係していたのかということです。果たしてヨーロッパ諸国は、本気で日本を植民地にしようとしていたのかを考える必要があります。戦国時代にキリスト教が伝来して、宣教師も来ていました。当時、宣教師は植民地にするときの先兵で、キリスト教が入ってきた後に軍隊がやってきて占領するという構図でした。これはもう常識ですけどね。

しかし日本の場合、そういうやり方は無理なんですね。なぜかというと、当時の日本の人口は一二〇〇万人ぐらいで、ポルトガルやスペインの人口とさして変わらなかったからです。植民地政策をやろうと思ったら、それなりの人口が必要です。植民地から収益を得るためには、多くの労働力が必要だからです。

それならなぜ、人口一六〇〇万人ほどのインカ帝国がスペインのピサロに滅ぼされて、植民地にされたのかと疑問を抱く人もいるでしょう。それはインカ帝国の人たちに、外敵が攻めてくるという発想がなかった、平和主義者だったからだと思います。ですから、わずか百数十名の兵で、いとも簡単に占領できたのでしょう。

アジアにおけるスペインやポルトガルの植民地政策は、マニラ（フィリピン）やマカオ（中国）といった都市を押さえて拠点にするというやり方でした。ピンポイント方式で、面で押さえるまでの力がなかった。そうすると当時のヨーロッパ諸国には、日本を植民地にするだけの気持ちもなければ、能力もなかったと思います。オランダやイギリスなどがアジアとの貿易を目的に東インド会社を設立して、真剣にアジアの植民地化に乗り出すのは、それから約一〇〇年後です。力を蓄えるのに、それだけの歳月がかかったのです。

そのような情勢だったにもかかわらず鎖国をしたのは、キリスト教が広まるのを阻止するのが目的だったのでしょう。キリスト教では忠節を尽くすのは神とされ、将軍などの権力者ではありません。そういう思想が浸透して幕府による統治が揺らぐことに、危機感を覚えての政策だったと考えられます。

江戸幕府が本格的に東北を開発

家康が江戸に幕府を開いたことは、海外貿易で富を獲得するのではなく、内需拡大に舵《かじ》を切ったことを意味します。とりわけ東北はほとんど手つかずの状態で、まだまだ開発の余地がありました。これらの地域を開発して内需を拡大すれば、日本は豊かになれると考えたのでしょう。その判断のもとで、次第に東北地方の開発が進みます。初めて東北地方で、本格的な開発が始まったわけです。

東北の石高をみると、幕末にかけて大幅に伸びています。また家康は開発に着手する際、どこまでが日本の領土なのかということを非常に注意して見極めます。うっかり他国や他民族の支配地域に踏み入れたら、知らなかったではすまされないこともある、悪くすると戦になりかねません。秀吉の朝鮮出兵失敗の轍《てつ》は踏まない、ということだったのでしょう。

だから、僕らが知っている日本ができあがるのは、家康の頃ともいえるのかなという気がします。家康は日本のどこに住んでいても、同じぐらいの税金を納めさせるようにしました。これは統一国家の証拠でもあります。室町幕府みたいに取れるところから取るというやり方では、統一国家とはいえません。ただし全員が同程度の税を負担するために、お金による納付を実施するのはまだ無理でした。東北地方の村落にはまだお金が浸透していなかったからです。現在のお金のように同じもので税を取るとなると、米という選択になったのです。

しかし米は南方の作物で、東北地方は栽培に適した気候ではありませんでした。今は品種改良が進んで北海道でも稲作が行われていますが、当時は東北地方で十分な米が穫れなかった。それなら米の代わりになるもの、たとえば木の実や魚介類の加工品などで税金を納めることにすればよかったのですが、米でなければ駄目でした。そうすると天候が不順な年は不作で飢餓が起きて、バタバタと餓死者が出る。そういうところに開発が遅れていたがゆえの格差が、露骨に出てしまいました。

人口の増大を阻害する三つの要素は〝戦争、病気、飢饉《ききん》〟といわれています。江戸時代は戦争のない平和な時代でした。ヨーロッパのようにペストが大流行して、人口の三分の一が死に至るようなこともなかったので、江戸時代には人口爆発が起こるぐらい、一挙に人口が増えました。日本の人口は六〇〇年の時点で六〇〇万人、一六〇〇年に一二〇〇万人となり、一〇〇〇年かかってようやく二倍になりました。それが江戸時代になると、一六〇〇年から一七〇〇年の一〇〇年間で二倍以上の二五〇〇万人になる。江戸幕府のシステムは、およそ三〇〇〇万人を食べさせることができるといわれ、この後の一六〇〇年でさらに五〇〇〇万人増えましたが、東北の飢餓問題は解決できませんでした。

江戸時代の東北地方には、南部と津軽の対立もありました。戦国時代、陸奥国の北部は南部氏が支配していましたが、南部氏の一族だった大浦氏が独立して津軽《つがる》氏を名乗り、江戸時代には弘前《ひろさき》藩主となります。一方の南部氏は盛岡藩主となる。以来、両藩は犬猿の仲で、厳しい状況の東北地方のために協力しようという関係にならなかった。今でも同じ青森県でありながら、弘前と八戸は仲が悪く、青森市が間を取り持っているようです。八戸全域は盛岡藩に含まれていたので、〝南部vs.津軽〟の意識が残っているのかもしれません。

石高は盛岡藩が一〇万石で、弘前藩が五万石でした。盛岡藩の領地のほうが広大だったので、当然のことながら領地が広ければ石高は上がります。でも北のほうは本当に荒れ果てた大地で、作物が穫れなかった。事情は弘前藩も似たようなもので、青森、岩手地域は他の地域と違って、江戸時代が始まってからも開発の手がなかなか延びなかったのです。それでも少しずつ開発が進み、陸奥国全体の石高は、江戸時代の終わりは初めと比べると、倍以上になっています。出羽国はもっと増えて五倍にまでなっているので、家康の発想は結構うまくいったとはいえるでしょう。

だけど、これは大変申し訳ない言い方ですが、東北地方は意識も西国より二〇年、三〇年と遅れているんですね。だから明治維新のとき、戊辰《ぼしん》戦争の局面のひとつとして会津戦争が起きるわけです。会津藩初代藩主の保科正之《ほしなまさゆき》は徳川二代将軍・秀忠の息子だったので、会津藩が徳川側に立つのは仕方のないことですが、ほかの東北の藩は徳川幕府に義理立てする必要はなにもなかった。それなのに、会津藩と一緒に戦った。

会津藩が気の毒だという気持ちがあったのだと思いますが、その根底にはもしかすると、東北独自の論理、理屈があったのかもしれません。源頼朝が関東独立みたいな形で鎌倉幕府を開いたように、そうそう中央政府のいうことばかりは聞いていられない、という反発心があったとも考えられます。

戊辰戦争が起きたときに〝白河以北一山《ひとやま》百文〟といわれていたという話があります。白河より北、つまり東北地方の土地は、ほとんど価値がないという意味です。それに反発したのが、平民宰相と称された大正時代の総理大臣・原敬《はらたかし》でした。盛岡藩の家老の家に生まれた原敬は〝一山《いっさん》〟という号を名乗り、爵位を受けませんでした。爵位は会津戦争で戦い、明治政府樹立で中心的役割を果たした薩長《さっちょう》（薩摩藩と長州藩）の連中が制定したものだから、そんなものはいらないという気持ちがあったのかもしれません。

今の人たちには「三・一一」（東日本大震災）で痛めつけられた東北地方をみんなで助けなければいけないという思いがあるわけです。だけど「三・一一」がなくても、東北はずっと苦難の歴史を辿ってきました。飢餓のとき、死んだ子どもを取り替えて食べたという非常に辛い話が残っています。古典落語では、下男（住み込みの男性使用人）は東北弁を喋るのが常でした。遊郭に売られる女の子も、東北出身者が圧倒的に多かった。明治維新のときは会津戦争で酷い目に遭い、昭和の高度経済成長を支え〝金の卵〟と呼ばれた中卒労働者は東北出身者がほとんどで、安価な労働力として利用されました。稽古の厳しさで知られる大相撲も、昔は東北出身の力士が多かった。入門すれば、ご飯の心配をしなくてもすんだからです。

ですから、そういう歴史も踏まえた上で、依然として厳しい状況にある東北地方の開発を考えないといけない。東北は昔も今も、日本列島の解決すべき課題としてあるのだと思います。現在の東北は仙台の一人勝ちで、ほかの地域は本当に厳しい状況です。人口を例にとれば、かつて東北地方の中心だった会津若松市は約一二万人、米沢市は約八万人です。以前、会津若松の市長さんとお話をしたことがありますが、一〇万人を切るのは時間の問題だとおっしゃっていました。

今の東京があるのは無血開城が実現したから

幕末になると、また西国型国家が姿を現します。江戸幕府を倒した官軍は、西南雄藩プラス朝廷のあった京都でしたから。西国型国家の官軍が江戸幕府と戦って、しかも東北地方に戦火を拡大して勝った。そのときに薩摩藩士の大久保利通《としみち》が、大坂に首都を移す提案をします。なぜ大坂かといえば、官軍に戦費を出したのは大坂のブルジョアジーだったからです。薩摩はその提案に賛同していたようです。

江戸城の無血開城は西郷隆盛の判断で行われたとよく言われますが、これは大嘘《おおうそ》です。もともと出来レースだったというのも嘘。なぜかといえば、西郷が大久保に宛てた現存する手紙に、将軍の徳川慶喜《よしのぶ》はなんとしてでも切腹させなければならない、と書いているからです。それに対して大久保も同感だと応えている。これは確実な証拠です。

　慶喜に腹を切らせるとなれば、当然その家来たちである旗本や御家人は、殿を守るため江戸城に籠城せざるを得ません。当時の武士だったら、当たり前のことです。官軍が江戸城を攻撃していたら、江戸の街が戦場となって火の海になっていたでしょう。ところが、江戸城総攻撃のために京都を出発する段階では、慶喜に腹を切らせるつもりだった西郷が、静岡に到着すると意見が一八〇度変わった。誰かが西郷に進言したのか、それとも西郷自身が意見を変えたのかはわかりませんが、次のような推測ができます。

　長州は、もともと慶喜の命を助けるように主張していました。慶喜が謹慎をして、明治政府に対して神妙な態度を取っていたこともあるのでしょうが、それよりも江戸での戦いを避けたいという思いが強かったのではないでしょうか。江戸の街を焼かずにすめば、そのインフラを最大限利用できて、江戸の街を首都にすることができる。長州には、そういう判断があったのではないかと考えられます。

　一方、薩摩は江戸が焼けても大坂がある、大坂を首都にすればいいという考え方だったのでしょう。もし薩摩の意見が通っていたら、西国型国家に戻っていた可能性が非常に高い。だけど、西郷も慶喜を許す。つまり江戸を首都にする、という考えに変わったのだと思います。その結果、ぎりぎりのタイミングで江戸城の無血開城が実現して、天皇が京都から東京へ移り、東京が日本の中心として機能するようになります。

その流れの中に、現在の東京があるわけです。東京に人材を集め、東京を政治と経済の中心地にして、世界で競争するというのが今の形です。だけど、東京一極集中でこれからも世界で勝負できるのかと考えたとき、僕は限界にきていると思います。だから思い切って、地方分権をすべきでしょう。

日本列島の東と西とが、振り子のようになって進んできた日本の歴史を考えると、大阪に西国型国家の核をつくるのがひとつの方法だと思います。中央官庁の半分ぐらいは大阪に移転して、二つの首都があるような形にすべきではないでしょうか。今の時代は、Skypeなどのインターネットを利用すれば、離れていてもコミュニケーションは十分とれます。ふたつの首都実現のためなら、たとえば東大の機能を京大に移しても僕はいいとさえ思っています。首都機能を分散したら、一〇年間ぐらいは日本の国力、競争力は落ちるかもしれませんが、最終的にはそのほうが日本は繁栄するのではないでしょうか。

第二章　外圧でしか変わらないニッポン

外圧で国のあり方が大きく変わる

今の日本では「格差社会」ということがしばしばいわれます。一番汚い言葉で社会に定着したのは「勝ち組、負け組」という表現でしょう。勝ち組と負け組とに分けて、格差を考えるということなのでしょうが、冷静に考えてみると二分法というのが、いかにも日本社会らしい。大晦日の紅白歌合戦や運動会も赤組、白組という二分法ですよね。このことは、日本の階層文化がふたつに分けられるぐらい単純である証ともいえるでしょう。

世界を見渡せば、インフラの整備などが遅れていて、GDP（国内総生産）がさほどでもない国のほうが極めて貧富の差が激しい場合が多い。ごく一部の人がべらぼうなお金持ちで贅沢三昧《ぜいたくざんまい》、大多数は食うや食わずで餓死することもあるという状況です。日本はそこまで格差が酷くない。世界的にみれば、わりと平均的な社会だといえるでしょう。

〝学歴による差別〟ということも、しばしばいわれます。だけど学歴の王者といわれる東大法学部卒、司法試験に好成績で一発合格して、財務官僚となった人が、どれぐらいの収入があるのかといえば、悪いことをすれば別でしょうが、普通に働けば最高で年収二〇〇〇万円程度です。儲《もう》かっている大企業のトップの年収は億単位ですから、学歴が立派であれば大金持ちになれるというわけではありません。

僕は人事院という中央官庁で、全省庁の幹部クラスの方々を対象に講演会をしたことがあります。二時間話をして、いただいた講演料は三万円でした。中央官庁には規定があって、一時間一万五〇〇〇円までしか払えないそうです。学生のアルバイトなら超高額ですが、僕は大学で教鞭《きょうべん》をとる日本史の専門家です。事前に下調べをして話す内容を構想したり、それなりに時間をかけて準備しているわけで、講演会のために費やした時間は二時間ではすまないのです。

だからといって「講演料が安い」と文句をいいたいのではありません。それどころか、日本の社会が健全であることがわかって安心しました。権力を持っている人は、うまいことをしてお金儲けをしているのではないか、という疑いを持っていましたが、日本は権力とお金を同時に得られないようなシステムになっているんですね。権力を持っている人がお金も持ってしまうと、好き放題にできてしまう。そうならないために、権力とお金を引き離すことにしたのでしょう。これは日本社会の知恵、といえるのかもしれません。

それから学歴社会についていえば、今はほとんどの人が高校を卒業しています。少子化の影響もあって、どこでもよければ大学にも入れる状況です。大学によっては競争率が高く〝受験戦争〟といわれますが、お隣の韓国や中国と比べたら甘っちょろいといわざるを得ません。逆に韓国や中国のほうが、すご過ぎるのかもしれませんが。

韓国では先輩たちが試験を受けるとき、後輩たちが土下座してその先輩たちの健闘を祈ったりします。中国では大学のセンター試験の日、試験会場の近くで車のクラクションを一発でも鳴らそうものなら大変なことになります。「受験生たちのことをなんだと思っているんだ！」と非難ごうごうです。日本では、そういう光景を見ることはまずないですよね。また東大の学生を例にとれば、お金がかかる私立の進学校出身者が、圧倒的多数を占めているわけではありません。公立高校の卒業生もけっこういるので、だいぶ健全な形になってきている気がします。

現在、文部科学省は大学のあり方をアメリカ式に変えようと一生懸命です。シラバス（授業計画書）をきっちり作って、授業をシラバスどおりに進め、課題をたくさん出して、そう簡単に単位が取れないようにするという方針です。これからは入るのは容易、出るのは難しいというアメリカ的な大学になっていくでしょう。そうすると、受験戦争はより緩和されるはずです。

今の若者たちに話を聞いてみると、出世する意欲はさほどなくて、お金もそれほど要らない、自分のために時間を使いたい、というようなことをいう人が増えてきています。そういうふうにいわせてしまう社会の側に問題があるのでしょうが、それはそれでそんなに悪いことではないとも思っています。私の息子も「そんなに多くの給料はいらない、定時に帰れるところにいきたい」といって就職先を決めました。まだ二〇代なので定時にはなかなか帰れませんが、「二四時間戦えますか」的なビジネスマンは、一昔前より少なくなってきました。ただ、欧米の猛烈ビジネスマンは、日本のビジネスマンより長時間働いているようです。

日本の若者の仕事に対する考え方を知るにつれ、みんなで激しく切磋《せっさ》琢磨《たくま》するというのは、本来的な日本人の特質ではないような気がしてきました。日本人には激しい競争は、向いていないのかもしれません。そういうことを思いながら今一度、日本人の特質を考えてみたとき、日本人という民族はどちらかというと草食系で、むしろそれが本来のあり方ではないかという結論に至りました。良くいえば穏やか、悪くいえばぬるま湯体質ということになります。

そういう国民性になった一番の理由は、日本を取り巻く自然環境だろうと思っています。近年、日本の夏は最高気温が三五度以上の猛暑日が多くなっていますが、最高気温が五〇度を記録したことがあるインドほど暑いわけではありません。豪雪地帯はありますが、最低気温がマイナス七〇度近くにもなるシベリアほど寒くもありません。さほど寒暖の差が激しくなく、四季がある日本は、相当気候に恵まれているほうです。基本的には温暖で、季節ごとに多様な作物が穫れるので、ちゃんと働いて融通し合えば飯が食えるという、実りを約束された土地柄、それだけ国土が豊かなんです。

江戸時代には確かに、東北の飢餓問題がありました。天変地異が起これば餓死者が出る厳しい状況にあったわけですが、それはいってみれば非常事態で、なんとか乗り切れた。常にそんな状態が続いていたら、根本的に国のあり方を変えざるを得なかったでしょう。海外に打って出て、略奪をやらなきゃいけなかったかもしれない。だけどそういう江戸時代ですら、そこまでしなくてもよかったのです。

もし日本が作物のあまり穫れない国だったら、少ない食料を奪い合って争いが起きていたでしょう。争いが起きることによって、切磋琢磨することが人々の間に染み込んでいき、富の再分配がされ、利害関係が複雑に入り組んだ階層社会になっていたと思います。その点、日本はそれなりに豊かだったので、あまり争いが起きなかったし、階層もふたつ（勝ち組と負け組です）程度の単純な色分けですんだのではないでしょうか。

さらに外国と海で隔てられていたことも、日本人の特質に多大な影響を与えたと思います。外敵に襲われる心配が少ないので「みんなで適当にやろうぜ」という国民性をぬくぬくと育て、穏やかな気質を保ってきたのではないかと感じています。

ただし、現在の日本の食料自給率は四〇％を切っています。どの国とも仲良くするという理念のもと工業製品を輸出して、それで儲けたお金で食料を輸入したほうが、リーズナブルだからです。それができている間はいいのですが、たとえばほとんど輸入に頼っている小麦が入ってこなくなったら、パンは滅多に食べられない貴重品になるでしょう。

ただ、食料の調達方法は変わっても、日本では食べ物にあまり困らないという環境は保たれています。そういう環境が長く続くと、人はなにかを大きく変える必要性を感じにくくなり、自主的に変革する気概も削がれていきます。だけどそんな日本でも、国のあり方が大きく変わる転換期が何度かありました。それはいずれも「外圧」つまり外国からのムーブメントが、きっかけになっています。「外圧」を受けなければ変われないのも、日本社会の特質だといえるでしょう。

最初の「外圧」は〝白村江の戦〟での敗戦

日本にもたらされた最初の「外圧」は、六六三年に朝鮮半島で起きた〝白村江《はくそんこう》の戦〟での敗戦だと思います。朝鮮半島には新羅《しらぎ》、百済《くだら》、高句麗《こうくり》という三つの国がありましたが、百済は中国（唐）と連合軍を組んだ新羅に滅ぼされます。百済の同盟国だった日本は百済復興のため、朝鮮半島の白村江というところに軍勢をおくりました。日本が百済の残党に加勢したのは、朝鮮半島に持っていた利権を失いたくなかったからだと考えられています。具体的にどんな利権だったのかは、よくわかっていません。

ところが日本はこの戦いでボロ負けして、すべての利権を失います。当時、実権を握っていた天智《てんぢ》天皇となる中大兄皇子《なかのおおえのおうじ》は、中国や新羅が日本にも侵攻してくるかもしれない、という強烈な危機感を覚えたのでしょう。九州から中国地方にかけて、防御機能を備えた朝鮮式の城をいくつも築き、最前線となる博多《はかた》（福岡県）あたりには、水城《みずき》と呼ばれる堤防のような防御施設もつくりました。そして、日本という国の基礎固めを決意して、急ピッチで取り組みます。

当時の中国が日本をどう見ていたかといえば、完全に見下していたと思います。三世紀末頃に著された中国の史書『魏志倭人伝《ぎしわじんでん》』では、日本を「倭国」と記していて、「倭」にはチビといったような意味があります。邪馬台国《やまたいこく》の卑弥呼《ひみこ》の記述もありますが、「邪」は間違っているとか有害という意味、それに「馬」で、「台」は基盤という意味がありますから、「邪馬台国」はろくでもない馬のような人たちに基づく国という意味合いになります。卑弥呼の「卑」は身分が低くていやしいという意味で、日本の記述には差別的な意味を含む漢字を多用しています。中国の日本に対するそういう意識は、七世紀になっても大きくは変わっていなかったと思います。

とはいえ、当時の中国は超大国かつ先進国でしたから、天智天皇が国づくりの手本としたのは中国でした。日本は中国に遣隋使《けんずいし》、遣唐使《けんとうし》としてトップエリートを派遣し、中国の政治制度などを学ばせます。遣隋使や遣唐使は船で中国に渡るわけですが、四隻のうち一隻は難破して沈んでいたといわれ、二五％ぐらいの死亡率でした。そんな危険を冒しながら、日本のトップエリートは中国で一生懸命勉強して、その成果を日本に持ち帰っていたんです。

天智天皇が目指したのは、天皇を中心とした中央集権国家です。これは明治政府の先例といえます。六六八年に即位した天智天皇の基礎固めは、続く天武《てんむ》天皇、持統《じとう》天皇に引き継がれます。日本という国のあり方を大きく変える改革を断行できた天智天皇は、歴代天皇の中で抜きんでた強大な権力者だったと思います。

三代にわたる天皇の改革で、もっとも注目されるのは、律令という中国の法体系を導入したことです。それまで、日本には法律というものはありませんでした。日本を蔑んでいた中国がこの時期に「日本」という国号、「天皇」という称号を許したのは、律令制による法治国家となったことで、日本を野蛮な国ではなく文明国として認めたからだともいえるでしょう。

日本人には合わない「科挙」は見送りに

律令制を導入する一方で、あえて取り入れなかった制度もあります。それは「科挙」です。科挙は隋の時代にできた官僚になるための試験で、唐の時代に浸透して、宋《そう》の時代に完全に広まり、清の時代まで約一三〇〇年間も続きました。中国の支配下にあった朝鮮やベトナムも、この科挙を採用しています。日本の朝廷も遣隋使や遣唐使から当然、科挙について聞いていたはずですが、採用は見送られました。

科挙はとんでもなく難しい試験で、東大受験の比ではありませんでした。競争率は平均一〇〇倍といわれ、時代によっては数千倍だったとも伝えられます。それだけ競争が激しかったので、カンニングは厳禁で、バレたら死刑になることもありました。試験では詩をつくらされます。それで漢字をどう扱うかをみて、その人の才能を見定めるんですね。言葉で説明すれば簡単そうですが、幅広く深い教養が必要とされ、レベルがものすごく高かったのです。

しかも試験が実施されるのは三年に一回で、三段階ありました。各試験の名称は時代によって異なりますが、「郷試、会試、殿試」と分けられたりします。第一段階は郷試で、県大会のようなものです。これに合格すれば第二段階の地域単位の試験である会試を受けることができ、その合格者は全国規模で行われる第三段階の殿試に進めます。殿試は合否ではなく順位を決めるための試験で、都で皇帝が見守る中で行われ、点数が高い人ほど中央官庁の高いポジションに就けました。

トップで合格した人を郷試では解元、会試では会元、殿試では状元といって、すべてトップ合格した人は「大三元」と称されました。中国で生まれたゲームの麻雀《マージャン》で、難易度、得点がともに高い役満のひとつ大三元は、科挙に由来しています。そんなことはどうでもいいのですが、とにかく郷試に合格するだけでも大変だったので、郷試だけの合格者もそれなりの役人の地位が用意されていました。つまり中国は、皇帝と選抜された官僚が支配層を形成する国だったのです。

中央官庁の高官になれば、栄耀栄華《えいようえいが》が約束されていました。けれども官僚は一代限りで、父親が高官であっても息子がその地位を継ぐことはできませんでした。必ず科挙に受からないといけなかった。科挙に受かりさえすれば、高官の父親がいろいろと手を回して息子を陰になり日なたになり出世させることはできたかもしれないけど、とりあえず試験に受かってくれないとどうにもならないわけです。だけど代々合格者を出すのは夢のまた夢で、中国では「どんなに栄えた家も五代すれば衰える、あるいは滅びる」といわれました。もう完全な競争社会で、栄枯盛衰が激しかったのです。

一八世紀中頃に書かれた中国（清）の小説『紅楼夢』には、名門の家が没落していくようすが描かれています。主人公・賈宝玉《かほうぎょく》は、一族から皇帝の妃まで出した名門中の名門の御曹司ですが、科挙のための勉強が大嫌いなドラ息子で、もちろん合格なんかできない。ヒロインとも結婚できなくて、家がどんどん傾いていくわけです。中国では、そういう名門が珍しくなかったんです。

科挙は男性であれば、身分や国籍に関係なく誰でも受験できる進んだ試験制度だったので、中国の中央官庁の高官になった日本人もいます。遣唐使の一員だった阿倍仲麻呂《あべのなかまろ》です。高得点で合格した仲麻呂は朝衡《ちょうこう》という名前で、美人の誉れ高い楊貴妃《ようきひ》を寵愛《ちょうあい》した唐の皇帝・玄宗に仕えて重用され、中国詩歌史の最高峰と謳《うた》われる李白《りはく》らと親交があったといわれる高級官僚です。晩年はベトナムの総督も務めています。

超難関の科挙に、仲麻呂はよく受かったと感嘆します。合格者の平均年齢は三〇代半ばといわれ、七〇歳を過ぎてようやく合格した人もいたぐらいで、大半は一生かけても合格できませんでした。そういう状況ですから、科挙に挑戦できるのは四六時中勉強しているような人、つまり自分が働かなくても食べていける地主や高級官僚、知識階級など、士大夫《したいふ》と呼ばれた裕福な層の出身者に限られていました。

地主に賃料を払って土地を借り、農業をしている小作といわれる人たちは、試験を受けるどころか字も書けない人がほとんどでした。清代末期に生まれた士大夫出身の魯迅《ろじん》は官僚ではなく作家でしたが、自伝的小説『故郷』に士大夫と小作の関係をこんなふうに描いています。二〇年ぶりに故郷に帰った主人公が仲のよかった幼馴染《おさななじみ》に再会すると、彼が「旦那様、ご機嫌いかがですか」って頭を下げるんです。主人公がびっくりして「僕たちは友達じゃないか」というと、幼馴染は「それは子どもの頃の話で、大人になった今、友達だなんてとんでもない。旦那様に大変失礼をいたしました」ってさらに深々と頭を下げたというような内容です。魯迅は悲しみを込めて描いていますが、士大夫と小作には越えられない壁があったんですね。

日本で科挙を導入しても、中国のように受験できるのは富裕層に限られたでしょう。そうなると受験をする人材が揃《そろ》っていなかったから、日本に導入するのはまだ早いという理由で採用されなかったという学者もいます。でも、本当にそうでしょうか。日本にだって優秀な人たちはいたと思います。たとえば奈良時代には、遣唐使に選ばれた吉備《きびの》真備《まきび》という吉備地方の有力者の息子がいましたし、平安時代初期の有名な僧侶の空海は、香川県の有力者の息子でした。そういう人たちは他にもいたはずなので、全国から集めれば試験は可能だったのではないでしょうか。

そう考えると、やっぱり日本にはそぐわないという考え方が強いのかなと思わざるを得ません。科挙のような厳しい競争は、草食系の日本人には向いていなかったので、採用されなかったのでしょう。それでも平安時代になると、日本も科挙のような官僚になるためのテスト制度を実施するようになります。だけど、本当に形だけの骨抜きでした。

学問の神様とされる菅原道真《すがわらのみちざね》は、このテストを受けていて、一部内容が残っています。問題文は「地震と国づくりについて述べよ」みたいな内容で、どういう意図で出題されたのか、僕には理解できません。道真は漢字を駆使して解答していたらしく、判定は中の下、点数にすれば六〇点ぐらいです。判定の理由を書いた文章も残っていますが、論理性がないのでなにをいいたいのかさっぱりわかりません。理由文は判定する側の腕の見せどころなのに、意気込みとかやる気がまったく感じられないんですね。

六〇点でもかろうじて合格ですが、学問の神様が六〇点なら、いったい誰が一〇〇点なんだと思ったら、これがいないんです。要するに結果ありきで、みんな揃って中の下。それでも道真は右大臣にまで昇進したわけですから、やはり能力があった。だけど、失脚させられて左遷ということになります。仲麻呂の待遇に比べるまでもなく、日本版の科挙は有名無実、腐っていました。

日本が中国から導入しなかったものが、もうひとつあります。それは「城壁」です。

天武、持統の両天皇は、日本で最初の本格的な都城「藤原京」をつくりました。その後、奈良時代には「平城京」、平安時代には「平安京」が造営され、いずれも中国式の都城を踏襲したものです。都城は元々城壁に囲まれた都市という意味で、城壁は敵の侵入を防ぎ、敵が攻めてきたときに守りやすくするための工夫です。中国の都、たとえば長安とか洛陽《らくよう》は城壁で囲まれています。ヨーロッパの古い都市も同様です。

ところが日本の都は三つとも、石垣を積んで城壁を作るという努力をしていない。技術が未熟で城壁をつくれなかったという考え方もありますが、おそらくつくる必要性を感じていなかったのでしょう。白村江の戦で負けたときの危機感は、外国と海に隔てられているという地理的環境によって次第に薄れ、外敵が攻めてくるかもしれないとは考えなくなったのだと思います。

もちろん泥棒や強盗はいたでしょうが、国内に天皇の地位や命を脅かす勢力や、朝廷をひっくり返すために、組織だって真面目に攻めてくるような気性の激しい人たちがいるかもしれない、とは考えなかったのでしょう。良くも悪くも、日本人はのん気である、怠け者である、正直そんな感じですよね。なぜそんなにお気楽でいられたのかといえば、最大の理由はやはり気候が温暖で、働きさえすれば食えたからだと思います。それなりに食えれば、争う必要がない。食料が少ないと、争いが起きるわけですから。

都に城壁がなかったことは、武器の違いからも推察できます。中国やヨーロッパでは敵を攻略するとき、まず城壁を無力化する必要がありました。そのために知恵を絞って武器を開発しますが、遠く離れた二つの地域の武器はほぼ同じです。人間が考えつくことは似たり寄ったりで、次のような武器がありました。

まずは投石機。石を飛ばす武器で、城内を攻撃するのが目的です。それから、攻城塔と呼ばれた移動式の矢倉です。中に階段があって、下に車がついていました。それを転がして城壁のそばまで移動させ、兵隊が階段を上って敵の城壁の上に降り立ちます。ほかには城壁や城門をぶっ壊すための破城槌《はじょうつい》。お寺の鐘を突く撞木《しゅもく》に似た大きな丸太状の木材に車輪をつけて、それを何人かで引っぱっていって城壁にドカ〜ンとぶつけるわけです。

ところが日本では、そういった武器は一切考えられもしなかった。〝必要は発明の母〟なので、必要がなければ武器も生まれないのです。中国もヨーロッパも、ともかく街は城壁で守るのが常識でしたが、日本人にはそういう発想がなかったようです。

外圧のない平安時代はまったりしていた

奈良時代、平安時代には「外圧」がありませんでした。奈良時代は遣唐使が派遣されていたので、国と国との交流がありました。しかし平安時代になると八九四年に遣唐使が廃止され、国レベルでの外国との付き合いがなくなります。江戸時代のように国策として鎖国したわけではないので、民間の交易はありました。海外からは日本にはないもの、あってもよりよいものが入ってきて、生活を豊かにしてくれるので、常に需要があって儲かる商売でした。

「外圧」がなく、外交も放棄することになる平安時代の都では、まったりとした時間が流れ、ちんたらちんたら四〇〇年の歴史が紡がれていきます。以前は、平安時代の日本は戦争がなく、死刑もない平和な時代だといわれましたが、それは大嘘《おおうそ》です。為政者は都しか見ていなかった、都以外はどうでもいいと思っていたから、そんなことがいえたのです。第一章で述べたように、関東では平将門《たいらのまさかど》の反乱が起き、朝廷ははねた将門の首を都で晒《さら》しています。

平安時代の朝廷には直属の軍事力はほぼありませんでした。どこかで反乱があれば、そのつど武家の有力者を将軍に任命して鎮圧にあたらせ、通常は「検非違使《けびいし》」と呼ばれた警察官のような役人が治安を守っていました。しかし検非違使がどうやって犯人を捕まえたとか、具体的な内容を書いた史料がまったくないんです。真面目に仕事をしていなかったから、史料が残っていないのではないんでしょうか。

そのような平安時代に都で生まれたのが、「国風文化」といわれる日本独自の文化です。国風文化の特徴として「優美」とよくいわれます。その優美さを表現した代表例が、宇治（京都府）の平等院鳳凰堂《ほうおうどう》に安置されている阿弥陀如来坐像《あみだにょらいざぞう》です。定朝《じょうちょう》という仏師が彫ったこの仏像は、非常に穏やかで、静かな表情をしています。当時の貴族の美意識がよくわかる作品だと思います。

優美な国風文化は、「外圧」のない状況で生まれた文化であるという視点は大事です。

鎖国をしていた江戸時代も同様ですが、外国からの刺激がほとんどない状況で花開いた文化は、たとえば江戸の職人芸のように、非常に細かな部分にまで気を配る。〝神は細部に宿る〟的な傾向が深まっていくわけです。そのかわり、内に内に沈潜して、ある種のダイナミズム、スケール感みたいなものはなくなるんですね。

平安時代の一一六七年には、武家の平清盛が太政大臣になって朝廷の実権を握ります。時をほぼ同じくして朝鮮の高麗王朝でも、崔氏《さいし》という武人が台頭して王朝の実力者になります。国が違っても「外圧」がないと、同様の政情になるようです。

ところが、その後は違う道を歩むことになります。高麗王朝は一二三一年からモンゴルに侵略されるようになり、一二五八年に崔氏政権が倒れ、一二七〇年には武人による政権運営は終焉《しゅうえん》して、また文人による政治に回帰していきます。一方、日本は平家政権に続いて鎌倉幕府が生まれ、その後も武家による政権が続きます。「外圧」の有無が、歴史の分岐点になったのです。

モンゴルは鎌倉時代の一二七四年と一二八一年に日本にも侵攻してきて、この侵略は「元寇《げんこう》」と総称されます。鎌倉幕府が水際で撃退したこともあって、劇薬つまり国のあり方を変えるほどの「外圧」にはなりませんでした。しかし、鎌倉幕府に打撃を与えたことは間違いないでしょう。

鎌倉幕府は軍事政権ですから、主従制という関係が一番重要になります。主人である将軍に、従者である御家人は命懸けで戦って奉公をする。それに対して将軍は、御恩で報いる。御恩は将軍が御家人に払う報酬のことで、基本的には土地でした。御恩と奉公という関係が主従制で、これによって鎌倉幕府は成り立ち、運営されていたわけです。

元寇のときも、御家人は命懸けで戦って奉公します。ところが幕府は御家人に御恩を与えることができなかった。国内での戦いなら打ち負かした相手が持っている土地を没収して、奉公した御家人に分配できます。しかし、モンゴルは国外勢力なので、撃退はしたものの一片の土地も得ることができなかったからです。

実権を握っていた北条氏が自分の領地を割いてでも、御家人に御恩を与えていれば話はまた違っていたでしょうけど、それをしなかったんですね。それで御家人たちは必死に戦ったのに、幕府はなにも報いてくれない、契約不履行だと不満を募らせ、それが次第に大きくなって、鎌倉幕府が滅亡する要因になったのだと思います。

鎌倉時代、日本は東アジアに「外圧」をかける側にもなっていました。それはなにかといえば「倭寇《わこう》」です。倭寇は九州や中国地方の武士からなる中小の集団で、船に乗って朝鮮半島や中国大陸の沿岸部を荒らし回り、略奪を繰り返していました。一六世紀頃まで活動していたとされるこの倭冠が、東アジアの歴史を動かすことになっていきます。

朝鮮半島では一三九二年に、倭寇の鎮圧で功績を上げた李成桂《りせいけい》という武人が王様になって、李氏朝鮮を興します。それから中国では、モンゴルが樹立した元という王朝が統治能力を失っていたため、朱元璋《しゅげんしょう》という人が一三六八年に明を建国します。明ができたのも、倭寇の存在が一因だったと考えられます。倭寇に対抗できるだけの強い政権をつくろう、という意志が広く共有されたのです。そういったところに、日本と東アジアの連動性をみることができると思います。

日本では一三九二年に、朝廷が南朝と北朝の二つにわかれていた南北朝時代が終わります。南朝の後亀山《ごかめやま》天皇が吉野（奈良県）から京都へ出てきて、後小松天皇に三種の神器を渡して南朝が消滅しました。日本で南北朝時代に終止符が打たれるのと、朝鮮半島で李氏朝鮮の幕が上がるのが同じ一三九二年だったのは、偶然の一致に過ぎないというのは重々承知していますが、僕の中では、なにかを象徴しているのではないだろうか、という思いが消えないんですね。なにがしかの関係があるのではないか、日本が外国へ侵略に出ていくことによって東アジアが変わり、日本も東アジアの変化に影響を受けたのではないかという気がしています。民が交易しながら侵略もするという構図の中で、その構図がどんな影響を及ぼしたのか、そこでいったいなにが起きていたのかは、まだよくわかっていないのですが。

唐物文化に対抗して侘び寂びが生まれた

室町時代には三代将軍の足利義満が、中国（明）との間に国交を開いて正式な形での交易が始まります。中国からの輸入品は「唐物《からもの》」と呼ばれ、陶磁器や絵画、書といった当時の日本人が見たこともないような素晴らしい美術品などが大量に入ってきます。権力者や富裕層は、この唐物を崇め奉ります。高価だったにもかかわらず、とにもかくにも唐物をほしいという人がわんさかいました。日本人の海外ブランド好きは昨日や今日の話ではなく、室町の頃もそうでした。しかし一方では、唐物に夢中になっている連中に、眉をひそめる向きもありました。それは本当の意味での文化とはどういうものであるのか、それをしっかりと考える人たち、つまり知識人といわれる人たちです。

僕らの社会に置き換えてみると、やっぱり時計といえばロレックス、車といえばベンツ、それからバッグといえばシャネルという感じで、鉄板とされる海外ブランドをほしがる人たちがいますよね。でも、本当の文化とはなにかと考える人は、ちょっとひねる。ロレックスは金ピカで嫌だな、もうちょっと渋い時計にしたいとか、ベンツはいい車だけど、判で押したようなのは嫌だなとか、シャネルのバッグを買えないわけじゃないけど、なにか違う、私流のおしゃれをしてみたいとか、そういうことを思うわけです。

室町時代もまさにそうで、「唐物、最高！」という風潮に抵抗しながら、日本独自のものを追求しようという動きが出てきます。そして生まれたのが、〝侘《わ》び、寂《さ》び〟であり〝幽玄〟と表現される日本人特有の美意識です。ざっくり解説すれば、〝侘び、寂び〟は質素な中に潜む美、〝幽玄〟は神秘的で奥深い趣といった感じですね。

唐物文化はいわば贅沢文化で、金持ちのための文化でした。それに対して〝侘び、寂び、幽玄〟は、いってみれば生活文化、生活に根差した文化です。生活の中にどうやって文化を取り入れるのかを考え、生活そのものが文化によって支えられるようになることを目的意識として持っていました。

室町時代に培われた生活文化は、現代社会で〝日本の伝統文化〟といわれるものを作り出し、今も日本人の生活の隅々まで影響を与えています。たとえば畳が敷かれ、掛軸や生け花を飾る床の間がある和室は、書院造という室町文化の建築様式が基になっています。華道、茶道、香道といった芸事も室町時代の生活文化から生まれました。そういった芸事をしない人でも、普段の生活の中で花を飾ったり、お茶を飲んだりしますよね。ただし、ここが非常に重要なんですが、室町文化イコール〝侘び、寂び、幽玄〟で、日本独自の文化だとしばしばいわれますが、それは間違いです。室町文化には両面があって、それは片方をいっているに過ぎない。もう一方では、唐物をありがたがる金ピカ趣味の文化もあったわけです。贅沢品が大好きな人も大勢いた。室町前期の茶の湯なんかをみると、もうキンキラの茶の湯で、〝侘び、寂び〟とは程遠いんですね。

入り口にガードマンが立っているような銀座の海外ブランド店で買い物をして、マウンティングをするようなセレブたちが室町時代にもいたわけですよ。そういう人たちを六〇〇年後の歴史教科書でまったく紹介しないのは、僕は違うと思う。ちゃんと記述してあげないと悪いでしょう。

当時の知識人も和物と唐物を比べたとき、唐物はやっぱりすばらしい、だけど和物も負けてないよねって、両方を認めているわけです。それから「和漢の境を紛《まぎ》らかす」という言葉も残しています。唐物をちょっとひねって日本的に解釈したり、和物を工夫して唐物に対抗したり、そういうことを考えます。そうやって、〝侘び、寂び、幽玄〟という美意識を育んでいったのです。

日本人は、すでにあるものを改良するのは上手《うま》いんですよ。それは日本人の良さだと思っています。その最たる例は日本語です。日本人は自分たちで文字を作らないで、中国の文字である漢字を導入しましたが、その漢字を日本流にアレンジして、ひらがなやカタカナをつくりました。

中国の支配下だった頃の朝鮮やベトナムも漢字を使っていましたが、中国の支配から脱すると漢字を捨て独自の文字を使うようになります。でも、うまくいってないのです。本家の中国でも、簡体字という漢字だか記号だかわからないような文字になっていて、今も漢字文化を頑張って守っているのは、日本と台湾ぐらいです。

日本語同様、今日に受け継がれる日本の伝統文化も中国由来の唐物文化があったからこそ生まれたのです。唐物文化は日本の文化に決定的な影響を与え、その質を変えるほどのトレンドを生むぐらい大きなインパクトがあったわけです。唐物文化という「外圧」があったからこそ、日本の文化は大きく変われたといえるでしょう。

さらにつけ加えれば、日本の伝統文化を深く理解するためには、中国文化を多少なりとも理解しておく必要があるかと思います。社会に出て使うことがない漢文の授業なんて必要ない、英語のほうが大事だという意見もありますが、漢文を学ぶことは中国の伝統文化に触れる機会でもあるのですから、学んでおいて損はないと思いますよ。

戦国時代を終焉させた鉄砲という「外圧」

戦国時代の終焉も、「外圧」によってもたらされたと考えられます。それはなにかといえば「鉄砲」の伝来です。鉄砲は一五四三年頃、種子島《たねがしま》（鹿児島県）に漂着したポルトガル人がもたらしたとされています。

全米ライフル協会の肩を持つ気はさらさらありませんが、同協会はこういっています。「銃があるからこそ、人々の平等が勝ち取れる」。どういうことかというと、男女が素手で取っ組み合いの喧嘩《けんか》をしたら、女性は男性に敵《かな》わないわけです、体力差がありますからね。霊長類最強といわれた吉田沙保里《さおり》さんのような女性は別ですよ、あくまでも一般論としてです。で、同協会は「そこで、銃です」とくるわけです。どうすれば女性が男性に勝てるかといえば、銃を一発バーンッとぶっ放せばいいと。「銃があるからこそ、社会の平等が生まれる、維持できる」というようなことを一生懸命説いています。それは屁理屈《へりくつ》だと思います。だけど女性が男性をやっつけようと思ったら、手っ取り早い方法であることは間違いない、良《よ》し悪《あ》しは別ですけど。

同じことが、戦国時代にもいえます。鉄砲は相手に狙いを定めて引き金を引くだけでいいので、弱い者でも強い者を倒せるんですね。それじゃあ、鉄砲が伝来する前の戦い方はどうだったのかといえば、最初は刀です。

刀を扱うにはそれなりの技量が必要ですし、敵と至近距離でやり合うので精神力も鍛えないといけない。武士といえども、精神的に相当キツイわけです。殺《や》るか殺られるかの極限状態ですから、並の神経では怖くて逃げ出したくなるでしょう。

合戦のときは、大勢の人を兵として戦場に引きずり出さないといけません。そのために武士が戦いの主力だったときは、弓矢も使うようになります。弓矢のほうが相手を効率的に遠くから倒せて、刀で戦ったときのように倒した相手の血飛沫《ちしぶき》を浴びるようなこともないので、精神的ダメージも少ない。だけど弓矢は上達するまで、ものすごく時間がかかる。農民を兵として使うようになると、弓矢を渡しても使いこなせないから、意味がないんですね。それでどうしたかといったら、槍《やり》を持たせるわけです。槍だったらすぐに使えるようになって、ある程度の距離を保ったまま相手を突き刺せるので、恐怖心を和らげることもできます。

鎌倉時代は刀による武士の一騎討ちが主でしたが、室町時代になって軍事力が拡大すると、武士だけではなく農民も兵にしたグループ同士の戦いになるので、槍を使うようになり、距離をとって相手を突くような戦法が考えられました。

そして戦国時代になると、前述したように鉄砲が登場します。鉄砲は扱いの習得が容易な上に、遠くから撃つので精神的な強さも必要ない。いとも簡単に人を殺せるようになる。そうなると、それまでとは比べものにならないぐらい多くの人が死ぬことになります。つまり鉄砲は、当時の大量殺戮《さつりく》兵器だったんです。

大勢の人が死んでいる光景を目の当たりにした人間がなにを考えるかといえば、もう殺し合いはたくさんだ、戦いは嫌だ、やめようという気持ちになるわけです。そう思う人が増えたことが、戦国時代を終わらせたのではないか、と僕は考えています。織田信長が優秀なリーダーだったとしても、その背景に人々の戦いを嫌う厭戦《えんせん》の気持ちがないことには、戦国時代を終わらせることはできなかったのではないでしょうか。

日本には鉄砲伝来と同時期に、キリスト教も入ってきています。戦国時代の終焉にキリスト教がどうかかわっていたのか、というのは僕が自分に課している目下の宿題です。なんらかの関連性があったのではないかと思っていますが、具体的にどう影響していたのかは、今のところ残念ながらわかりません。

ペリー来航で自分たちの遅れに腰を抜かす

信長の後継者となった豊臣秀吉は、〝朝鮮出兵〟という「外圧」をかけました。そのさなかに秀吉が亡くなったため、秀吉軍は撤退しますが、朝鮮だけでなく中国（明）との関係まで壊してしまいます。中国は朝鮮を助けるために援軍をおくり、秀吉軍は中国とも戦うことになったからです。

もし秀吉が朝鮮出兵をしないで、うまく舵《かじ》取りをしていれば、秀吉の息子の秀頼が幼かろうが、徳川家康が強力だろうが、豊臣政権が続いた可能性が十分にあったと思います。石田三成《いしだみつなり》、福島正則《ふくしままさのり》、加藤清正《かとうきよまさ》をはじめとする有能な家臣がいましたからね。

ところが東アジアとの向き合い方を間違ってしまったことで、家臣たちの不平不満が爆発して、豊臣政権に対してノーを突きつけ、豊臣政権は終焉に向かったのではないでしょうか。それはひとりひとりの人間ドラマではなく、科学的に当時の状況を見たとき、そういうことがいえるのではないかという気がします。

第一章でも触れましたが、秀吉の後を継いだ家康は江戸に拠点をおいて、徳川幕府は外国との交易を非常に限定して、俯瞰的《ふかんてき》に見れば鎖国という方向にいきます。これはリーズナブルな方法だったと思います。

江戸時代の二六〇年間は農民の一揆《いっき》とかはありましたが、大きな戦いはなくて平和でした。平和が続くと、戦うのが仕事である武士がどうなったかといえば、儀式、セレモニーの世界に生きるようになります。健全な考え方をすれば、いちいち儀式なんてやったってしょうがないと思いますけど、そうじゃないわけです。現在でもそうですが、プロトコル（儀礼）が非常に大事になります。まあ正直なところ、他にやることがなかったんでしょうね。

江戸時代の大名にとってなにが大事だったかっていったら、どれだけ近くで将軍に謁見できるかということです。将軍に謁見するために大広間に大名が集まる際、座る場所はあらかじめ幕府によって指定されていました。将軍のより近くに座れる大名が格が高いとされていたので、半畳でも将軍の近くに座れるようになったら、なによりの出世で、その大名の一生は大成功したことになるわけです。武士たるものが、たった半畳に人生をかけていたんです。

パイ（分け前）がどんどん大きくなっていくなら、発想はまったく違っていたと思いますが、鎖国をして内需だけで政権を維持することになると、ちまちました社会ができあがるんです。社会の価値観が劇的に変わるパラダイムシフトとかが起こらなく、儀式がすごく大切になるんですね。これは日本に限ったことではなく、どこの国でもあることで、世界史的には「劇場型の支配」といいます。誰が観客として見ているのか、よくわかりませんけど、とにかく繰り返し繰り返し儀式をやって見せる。そこにすべての努力を注ぎ込むわけです。

一七〇一年に起きた「赤穂事件《あこう》」は、儀式がきっかけになったといわれています。朝廷からの使者の接待役を命じられた赤穂藩主の浅野内匠頭《あさのたくみのかみ》が、幕府の儀典担当だった高家《こうけ》の吉良上野介《きらこうずけのすけ》に江戸城松の廊下で斬りつけた事件です。儀式の作法をめぐって、年長の吉良が若い内匠頭にパワハラしたのが原因ではないかと考えられています。とにかく事細かに作法が決まっていて、こういう場合は左足を先に動かしなさい、右足から動かすのは田舎者ですよみたいなくだらない約束事があるわけですよ。貴族ならともかく、武士が儀式になんか入れ込んで、なにやってんだよと思いますけどね。

儀式にこだわっているような幕府は、パイを大きくするような経済運営もなかなかできませんでした。経済政策も内向きになるからです。教科書には、江戸時代に三大改革と呼ばれる三回の大きな経済改革が行われたと書いてありますよね。一七一六年に八代将軍・吉宗が始めた享保《きょうほ》の改革、一七八七年からは老中の松平定信による寛政の改革、一八三〇年からの天保《てんぽう》年間には老中の水野忠邦《みずのただくに》が天保の改革を実施しました。

結果は、吉宗はなんとか成功、定信はどうだったのかなぁって感じ、忠邦は失敗とされています。ただ、いずれの改革でもパイを大きくする努力はほとんどしていない。必ずそこでいわれるのは、源頼朝以来の質素倹約、質実剛健。ともかく倹約しろと。だけど、倹約とか質実剛健の奨励は、部分的なほころびを縫うだけで、抜本的な解決策にはならないんですね。倹約だけならバカでもできる。お金を使わなければいいんですから。江戸時代にパイを大きくしようという方向で経済改革を行ったのは、田沼意次《たぬまおきつぐ》しかいなかったんじゃないかと思います。幕府の実力者となった意次は一七六〇年代後半から約二〇年間、商業を重視して活性化させる重商政策を行いました。田沼時代は賄賂政治の代名詞みたいないわれ方をして、功罪の両方があるのでしょうが、画期的ではあったのです。

意次の父親は元々紀州藩の足軽でした。ガチガチの身分社会だった江戸時代に意次は異例の出世をして、幕府の最高職である老中にまでなった人物です。一方、徳川吉宗は将軍、松平定信は吉宗の孫で将軍になっていたかもしれない人、水野忠邦の水野家は関ヶ原の戦い以前から徳川の家臣だった譜代大名で、三人は元からメチャメチャ身分が高かったわけです。要するに江戸時代は知性の競争がないから、抜本的な改革を実行できる能力があっても、身分が低いと活躍できなかった。そういう意味でも、意次は稀有《けう》な人でした。

日本が鎖国していた頃、欧米でなにが起きていたかといえば、一七七〇年代からイギリスで産業革命が始まり、一七七六年にはアメリカが独立宣言をします。一七八九年にはフランスで革命が起きて、王様のルイ一六世と王妃のマリー・アントワネットがギロチンにかけられます。いわゆる近代化というものに向けて産業のあり方が変わり、市民といわれる一般の人たちがだんだんと力を持ってきます。

儀式に明け暮れ、経済改革で四苦八苦していた日本にも、一九世紀になると欧米の変化の波が押し寄せます。一八五三年にアメリカのペリーが、蒸気船で浦賀（神奈川県）に来航するという「外圧」に襲われることになったのです。

江戸時代に鎖国はなかったと主張される先生方は、幕府は世界情勢を知らなかったわけではなく、交易をしていたオランダから情報を得ていて、ペリーがやって来ることも知っていたといわれます。そうだったとしても、それを強調するのは間違いだと思います。ペリーらの動きに日本が巻き込まれていくという危機感は、あまりなかったのではないでしょうか。

でなければ、ペリーが来たときの幕府の慌てふためきぶりを揶揄《やゆ》する「泰平の眠りを覚ます上喜撰《じょうきせん》　たった四杯で夜も眠れず」という狂歌は生まれなかったはずです。「上喜撰」とはお茶の名産地である宇治（京都府）の高級茶のことで、それを四杯飲んだら眠れなくなったと詠っていますが、もちろん強烈な皮肉です。上喜撰は掛詞で蒸気船のこと、杯は船を数える単位でもありますからね。

蒸気を使って機械で動かす蒸気船は、当時の最新鋭テクノロジーだったそうです。ペリーはアメリカ海軍の改革派で、蒸気船を導入して海軍の近代化を推進した人物といわれています。だから今でいえば、レーダーに映りにくいステルス性を備えた最新鋭戦闘機F35が、いきなり飛来してきた感じですよね。そりゃあ、腰を抜かすほど驚きますよ。

僕は、その驚きを評価しないといけないと思います。でないと、じゃあなんで江戸幕府は倒れたんですか、なんで明治維新という革命が起きたんですか、という問いに答えられないでしょう。ペリー来航という「外圧」があって、初めて自分たちが遅れている現実を突きつけられた。それで大ショックを受けて、明治維新につながっていったわけでしょう。当時のびっくり感を強調しないことには、歴史というものが理解できない気がします。

「外圧」で西洋化、天皇と国民の関係も変わった

発足当初の明治政府は、天智天皇と同じぐらい危機感を抱いていたと思います。ちんたらちんたらやっていたんじゃ、いつまでたっても欧米に追いつけないので、天皇を中心とした中央集権国家を突貫工事でつくり上げます。

スローガンは「脱亜入欧」です。遅れているアジアから脱して、進んでいる欧米列強の仲間入りを目指すわけです。そのために身分に関係なく全国各地から、優秀な人材を首都の東京に集めます。江戸時代までの「世襲」を否定したのです（第三章「世襲バンザイ！」参照）。

だけど、あくまでも「和魂洋才」です。つまり日本古来の精神を大切にしつつ、欧米の制度や学問、技術などを取り入れた。平安時代は「和魂漢才」という言葉がありまし

た。手本が中国から西洋に変わったわけです。日本人は海外のものを日本風にアレンジするのは得意なので、日本の欧米化がどんどん進んでいきます。

対外的にも大変貌を遂げていきます。一八九四（明治二七）年に中国（清）との間で「日清戦争」、一九〇四（明治三七）年にはロシアと「日露戦争」をして勝利します。一九一〇（明治四三）年には、朝鮮半島を植民地にもしました。破竹の勢いで「外圧」をかける側になっていったのです。

大正時代は戦争がありませんでしたが、昭和になると一九三七（昭和一二）年に中国と「日中戦争」を始め、一九四一（昭和一六）年にはアメリカとも「太平洋戦争」を開始します。その結果が、一九四五（昭和二〇）年の敗戦です。この敗戦が、現時点での最後の「外圧」となります。

この「外圧」によって一番大きく変わったのは、天皇と国民の位置づけです。敗戦前は天皇を頂点として憲法によって国家権力を規制する体制が取られましたが、敗戦後は天皇自らが〝生き神様〟であることを否定する「人間宣言」をして、政治には関与しない「象徴天皇」となります。一方、戦前は言論の自由などを制限されていた国民は、自由や平等を尊重されるようになります。日本は敗戦を境に国民が主権者となる「民主主義国家」となり、僕たちが暮らしている今の日本があるわけです。

ここで重要なのは、明治から戦前までの日本は秀吉と同じ失敗をしたということです。東アジアとの向き合い方を間違えてしまったのです。その結果、太平洋戦争で三〇〇万人以上ともいわれる日本人が亡くなりました。そこから我々がなにを学べるのか、それをきちんと検証していかなくてはいけないのではないでしょうか。

第三章　世襲バンザイ！

「才能」より「世襲」が力を持つ日本

親から財産や地位、仕事などを受け継ぐ「世襲」は、世界的にみても大変強力な原理です。わかりやすい例でいえば王室ですね。どこの国の王室も子供が継ぐのが当たり前で、それに異を唱える人はほとんどいません。日本の皇室も「世襲」ですが、日本は一般社会でも「世襲」が非常に強くて、まさに「世襲バンザイ！」の国という気がします。

では「世襲」の対極はなにかといえば、「才能」だと思います。この場合の「才能」は頭がいいだけではなく、人格や人徳、人望といった人間性も含めた総合的な能力を意味します。

ひとつの地位、ポジションを獲得するとき、日本の場合は「才能」より「世襲」が有利に働くことが多いです。たとえば中小企業の社長や家元と呼ばれる芸事のトップとかは、「世襲」がほとんどです。なぜそうなのかといえば第二章で述べたように、働けばなんとか食える日本では、人と争わなくても生きていけるので、競争を好まない草食系の気質になったことが、一番の理由だと思います。地位を「才能」で選ぶことにしたら、競争が起こりますからね。

僕は以前、フランスで制作された歴史番組の解説をしたことがあります。その番組の主人公はジンギス・カンで、テーマは「もしジンギス・カンがいなかったら、どうなっていたか」。ジンギス・カンはモンゴル人で、一三世紀にモンゴル帝国を建国した人物です。そのジンギス・カンの孫のフビライ・ハンが、中国に「元」という王朝を樹立して、中国人を抑圧するわけです。身分が一番高いのはモンゴル人、二番目は色目人《しきもくじん》と呼ばれた目の色が違うヨーロッパ的な中央アジア人、三番目が中国人でした。

番組の結論は「元が約一〇〇年間、中国人を差別したために中国の発展が遅れた。ジンギス・カンがいなければ元という国は存在せず、中国はもっと発展していただろう。一九世紀にヨーロッパ列強が中国を侵略したとき互角に戦って、アヘン戦争(一八四〇〜四二年)でイギリスに負けることもなかった。歴史は今とは違うものになっていて、中国はアジアのみならず世界に対しても、支配的な地位を占めていたはずだ」ということでした。

フランスの科学的、歴史学的な見地からすればそうなのでしょうが、それが当たっているかどうかはわかりません。でも、なるほどなと納得したこともありました。それはジンギス・カンが出現する条件として、環境の過酷さをあげていたことです。モンゴルは夏には三〇度以上になり、冬はマイナス三〇度以下になるそうで、寒暖の差がものすごく大きくて、特に冬の寒さが厳しい。そういう過酷な自然環境のもとで、モンゴル人はヒツジなど家畜の群れを飼って、家畜の餌となる草がなくなったら、別な場所へ移動する遊牧生活をおくっていました。冬も草のある土地を求めて移動し続けないと、生きていけなかったんです。

そういう状況の中で、リーダーに求められる資質は「才能」一本であると。リーダーが判断を間違って草のある土地に行けなかったら、まず家畜が死んでしまい、家畜を繁殖させながら、その乳や肉を食料にしていた人間も死んでしまうので、リーダーに必要とされるのは有能さだけである。有能な中でも特に有能だったのがジンギス・カンで、過酷な環境を克服する知恵と勇気というリーダーにふさわしい資質を持った人間として、ジンギス・カンが出現した。番組の主張は、そういうことでした。

事例として、海賊船も紹介していました。大海原を航行する海賊船の環境も、極めて過酷です。嵐に遭うなど悪天候の中で、航海をしなければいけないときもある。何日も水や食料を補給できない場合もある。それから敵が攻めてくる、もちろん自分たちも襲撃するという気の休まる暇がない日常の中で、船長、キャプテンというのはまさに「才能」だけで決められると。要するにジンギス・カンと一緒なんですね。頼りになるのはキャプテンの判断だけで、キャプテンに困難を乗り越える知恵と勇気がなければ、海の藻屑《もくず》として消えるしかないのだという話でした。みんなを笑わせるユーモアがあるとか、麗しく行動できるとか、そんな能力はどうだっていいわけです、そういう厳しい環境の中では。

だけど、疑問も感じました。モンゴルの自然環境は昔も今も常に過酷であり続けたわけで、なんである時期に限ってジンギス・カンみたいな人が現れたのか。自然環境だけでは、説明がつかないですよね。ツッコミどころがけっこうある番組でしたが、ひとつの見方としては正しいと思いました。

それはなにかといえば、人間は必要に迫られたとき、たとえば判断を誤ったら一発で死んでしまうというような極限状態に陥ったとき、「才能」がある人は自分の意志で「才能」を発揮するのではなく、自分の意志とは関係なく、生きたい、死にたくないという本能によって、「才能」が自然と発揮されてしまうということです。そして厳しい状況に追い込まれれば追い込まれるほど、リーダーは状況の側から選ばれる、つまり状況によってリーダーに必要な資質が決められるので、「世襲」が出る幕は一切ない、「才能」がすべてになるということです。

ジンキス・カンを例にすれば、もしモンゴルが勝手に果実がなるような常夏の南国で、働かなくても食べるのに困らない恵まれた自然環境だったら、ジンギス・カンのようなリーダーは必要なかったわけです。でもモンゴルは南国ではなく厳しい自然環境だったので、そういう状況の中で生きるために、ジンギス・カンの「才能」が自然と発揮されてしまい、その結果としてリーダーになった。表現を変えれば、ジンギス・カンというリーダーは、厳しい自然環境という状況の側から選ばれた、ということができますよね。

その点、日本は寒暖の差がさほどなく温暖で、働けばそれなりに食べられる国です。生きるか死ぬかという厳しい自然環境ではないため、そこそこ優秀であればリーダーが務まるんですね。自然環境の観点からは、そういうことになります。実際、日本では「才能」よりも「世襲」が力を持っていて、政情はだいたい「世襲」で動いていきます。

唯一「世襲」がなかった明治政府

いつの時代も「世襲」が幅を利かせていた日本で、唯一の例外となったのが明治政府です。「世襲」をやめて、「才能」で人材を登用するようになったのです。西洋列強に速やかに追いつくためには、「才能」が必要だったからです。明治維新で中心的役割を果たした薩摩《さつま》藩（鹿児島県）と長州藩（山口県）の出身者が、首相や大臣をほぼ独占して薩長閥が強かったといわれますが、伊藤博文の息子が総理大臣になったわけでもなければ、山縣有朋《やまがたありとも》の息子が陸軍大将になったわけでもないので「世襲」ではありませんでした。

明治政府は政治家の下で働く官僚に、全国から優秀な人材を集めました。地方には、優秀でも貧しい家の子もいました。そういう子には地域の人たちがお金を出し合って教育を受けさせ、東京に送り出したんですね。郷土を背負って上京するわけです。立身出世を果たせば郷土の誇りとなり、その子は故郷に錦を飾ることができる。そういう形で、明治の官僚組織はつくられていきました。

明治政府は、立身出世を強力に推し進めて国民のケツをたたき、国民も刻苦勉励して、それが国民のモデルとして良しとされました。そういう中で、激しい競争が行われていたのだと思います。一番競争が激しかったのは軍事組織です。旧日本軍は陸軍と海軍のみで、それぞれが航空戦力を保有していました。軍人を志す人は陸軍士官学校や海軍兵学校を目指しますが、東大に入るより狭き門でした。そこを卒業して軍隊に入って優秀と認められれば、陸軍は陸大と呼ばれた陸軍大学校へ、海軍は海軍大学校へと進学できました。

陸軍は特に学歴重視で、陸大を出ないと最高ポストには就けませんでした。陸大の学歴は絶対だったので、たとえ落ちこぼれでも卒業さえすれば、最低でも少将になれました。陸軍の階級はたくさんありますが、上から「大将、中将、少将」なので、最低でも三番目の地位が約束されていたわけです。最も学歴を重視したのは、軍事組織の上層部だったんですね。結果的に厳しい競争を生き抜いた彼らが、どう見ても勝ち目のない太平洋戦争を引き起こすことになります。競争と太平洋戦争を直接結びつけることはできませんが、競争の勝者になれる「才能」をどういかすのか。そのことを自分自身で考えることも、大切だったのかもしれません。

明治政府は「世襲」の頂点である万世一系、つまり初代からずっと血がつながっている天皇家を頂いて、中央集権国家を成し遂げるという方針だったので「藩屏《はんぺい》」も築きました。藩屏は皇室を守るための盾のことで、具体的には華族制度をつくります。新たに貴族階級をつくって「公爵、侯爵、伯爵、子爵、男爵」の五階級を設けました。爵位は男性のみに与えられ、江戸時代まで大名や上級貴族だった人、明治維新で功績のあった武士たちなどが華族になって「世襲」されていきます。しかし政府の要職は、あくまでも「才能」が優先されました。

当時の日本は、世界一平等な社会だったのではないか、といわれるぐらい「世襲」の力が弱かった。ヨーロッパは階級社会で、今でもそうです。たとえばイギリスの場合、

「世襲」で働かなくても食べていける王侯貴族が上流階級。働かないと生活できない人のうち、実業家や医師、弁護士など収入が高い人たちは中流階級、その他の人たちは労働者階級とされます。アメリカはヨーロッパで食いつめた労働者階級の人たちが移住して建国した国なので、階級社会ではありませんでした。しかし一八六五年に廃止されるまで奴隷制度があって、一九六四年に公民権法が成立するまでは、かつて奴隷だったアフリカ系アメリカ人が公然と差別され、平等な社会とはいえませんでした。

日本では二〇一八年に政府主催で、明治維新から一五〇年となる節目を祝う「明治一五〇年記念式典」が開かれ、首相をはじめ多くの国会議員が参加しました。今は国会が〝世襲クラブ〟と揶揄《やゆ》されるほど、議員が世襲化して二世や三世がとても多くなっています。そういう人たちがどういうつもりで、「世襲」を否定した明治維新を祝っていたのでしょうか。これも歴史の皮肉というものなのかもしれませんね。

「世襲」のいいところは競争がないこと

日本は一九五〇年代半ばから一九七〇年代前半に、高度経済成長期を迎えます。この時代も、「世襲」が弱かったといえるでしょう。高度経済成長を支えるためには、優秀な人材が必要不可欠でしたから。

政界では高度経済成長期が終わる頃から、総理大臣の座を巡って「三角大福」の激しい争いが繰り広げられます。「三角大福」は政争の主人公たちである三木武夫、田中角栄、大平正芳《おおひらまさよし》、福田赳夫《ふくだたけお》の各氏名から一文字ずつとったネーミングで、中曾根康弘《なかそねやすひろ》も加えて「三角大福中」といわれることもあります。僕はある意味、とても健全な争いだったと思います。裏では札束が飛び交うようなことがあったのかもしれませんが、誰が総理大臣としてふさわしいのかということをかけて、国民に見える形で戦ったわけですから。

三木武夫と田中角栄は〝党人派〟です。党人は一般人が政党に入って議員になった人のことです。それに対して大平正芳、福田赳夫、中曾根康弘は官僚から議員になりました。官僚として頭角を現すと、自民党に入って政治家に転身する、という道がかつてはあったのです。今は官僚が「世襲」の枠組みをぶち壊して、政治家に転身することは少なくなりました。二〇〇九年に民主党が政権を取ったときは、若手官僚が政治家に転身して、どっと流れ込みました。民主党は「世襲」が、自民党ほど強くなかったからです。だけど民主党政権が約三年でぽしゃってしまい、官僚出身の国会議員のみなさんは、どこへいっちゃったのかなって感じですよね。

芸能界や言論界など政界とは別な世界で名を成した人が、政党から国会議員の立候補者として打診されることもあります。しかし国会議員で一番重要視されるのは、当選回数です。特別な「才能」があれば当選回数が少なくても、大臣に抜擢《ばってき》されることもありますが、それは極く稀《まれ》です。政界以外でどんなに実績がある人でも、国会議員になったら一年生から始めることになります。芸能界のしきたりに当てはめるならば、年下でも当選回数（芸能界では芸歴）が自分より多い人を〝にいさん〟と呼ばないといけないわけです。大きな仕事を成したいい大人が世襲のボンボンに頭を下げるなんて、バカバカしくてやってられないですよね。だから他の業界で活躍している人が、政治家を目指すこともあまりない。その結果、ますます世襲議員が増える。それが国会の現状だと思います。日本は社会が安定してくると、「世襲」がすぐに息を吹き返すんですね。それだけ、根強いということです。

国会議員に「世襲」が多いのには、やむを得ない理由もあります。国会議員になるためには、まずどこかの選挙区を確保して、地盤づくりに励みます。政党名で投票できる比例区の立候補者になれば、そんな必要はありませんが、身分が不安定なんです。次の選挙で候補者になれるか否かは、政党が決めるからです。当選を重ねるためには、自力当選が不可欠です。地盤づくりで議員人生が終わることもままあるので、子どもに夢を託すという形になるんですね。

世間には世襲議員のことを〝育ちがいい〟という人たちがいます。教養やマナーが身についているということなのでしょうが、僕もニュース番組とかで世襲議員が国際会議に出席して、物おじすることなく堂々とふるまっている姿をみると、育ちがいい人は違うなと思ったりします。僕だったらびびっちゃって、とてもじゃないけど話なんかできないでしょう。そういう意味では、「世襲」はなによりの財産なのかもしれません。

国会議員の世襲に対して批判が出ることは出ますが、すぐに立ち消えになってしまいます。日本人は国会議員の世襲に対しては、わりと寛容です。で、官僚は大嫌いな人が多い。官僚が不正をしたりすると、ものすごく叩く。「世襲」のいいところは、争いがほぼ起きないことです。だいたい結果がわかっていますから。一方、官僚のように「才能」を頼りに、どこまで出世できるかということになると、熾烈《しれつ》な競争が起きる。草食系の日本人は争いを好まず、競争するような人たちも嫌いなんでしょうね。

「世襲」できる人は幸いである

日本で「世襲」が特に強い職業は政治家、医者、芸能人だといわれます。親が子供に自分の職業を継がせたがるのは、儲《もう》かるってことですよね。苦労ばっかりで儲からない仕事を継がせたいと思う親はいませんから。跡取りになることが決められている人の中には、職業選択の自由がない、好き勝手に生きられる人が羨ましいと嘆く人がいて、そういう人に対して親に人生を決められてかわいそうだ、と気の毒がる人もたくさんいます。この国では、そういう理屈がまかり通るんですね。

働かなくても自由な生活を謳歌《おうか》できる金持ちが同情するなら、まだわかります。だけど親からなにも受け継げず、自分の「才能」だけで就職先を確保し、そうしなければ食べていけない僕と同じ立場の人間が同情しているのをみると、この人は何を考えているのかなって思ってしまいます。僕からみれば、継げる仕事があるなんて羨ましいですよ、食べる心配をしなくていいんですから。どうしても後を継ぐのが嫌なら、継がないという選択の自由はあるわけですしね。

自分の「才能」だけで望む仕事に就ける人は、少数派で限られています。食べるために意に沿わない仕事をしている人のほうが、多いのではないでしょうか。「世襲」には自由がないと嘆いたり、そういう人に同情する人たちが、本当に自由の価値を痛感して強い信念に基づき、自由の大切さを発言しているとは思えません。そういう人たちは三食まともに食えなくても、自分は自由だから幸せだといえるのでしょうか。僕はただ「世襲」に弱い、甘いだけだと思います。それだけ日本は、なまぬるい社会なんでしょう。本当の激しさ、厳しさを知らない気がします。

日本人が「世襲」に寛容なのは、日本人の穏やかな気質と「世襲」の相性が非常にいいからだと思います。明治維新までは妻帯をしなかった僧侶という存在もいつの間にか、世襲が当たり前になってしまいました。本来、仏教には異性と交わってはいけないという戒律があるので、子どもができるのはあり得ないことで、「世襲」は不可能なわけですよ。ところが、明治政府が僧侶の妻帯を認めました。そうなると途端に、「世襲」になる。檀家《だんか》の人たちに、僧侶の「世襲」を叩《たた》く人はまずいません。お寺の息子さんが戻ってきて、後を継いでくれてありがたい、という話はしばしば耳にしますけどね。僕は元々、僧侶になりたかったんです。だけど、高二のときに家に来ていたお坊さんから、寺の息子ではない僕のような人間が、自分の寺を持つためには莫大《ばくだい》なお金が必要だと聞いて諦めました。そんなお金はありませんから。

そういう僕からすると、僧侶が「世襲」というのは引っかかるものがあるわけです。寺の息子ではあるけれど後を継げない二男や三男が、何をしていいのかわからなくなって、全国的に知られる四国八十八箇所霊場巡りで、ずっとお遍路さんをしているという話もあります。「世襲」できる人の不自由さに同情するのも結構ですが、できない人の無念と悲哀に思いを馳《は》せることも必要ではないでしょうか。

「地位より人」を重視するのが日本

現在の天皇陛下と上皇陛下がお悔やみで花をおくったとき、どちらの花が上位に置かれると思いますか。多分、天皇陛下のほうが上位になるのでしょう。その理由はこうです。天皇は「日本国憲法」によって定義され、憲法には「皇室典範」という法律に従うように明記されています。一方、上皇の定義は憲法や皇室典範にはなく、二〇一九年に施行された「天皇退位特例法」という法律によって成り立っています。憲法は国の根幹をなす最高法規範なので、憲法に明記されている天皇が上位だと考えるのが、理にかなっていると考えられます。明治時代から戦前までは上皇がいませんでしたが、その間の憲法だった「大日本帝国憲法」でも天皇は憲法に依拠し、上皇の規定は憲法にはなかったので、同様の解釈になっていたと思います。

　では、江戸時代より以前の天皇と上皇の上下関係は、どうなっていたのでしょうか。朝廷には「朝覲行幸《ちょうきんぎょうこう》」という行事がありました。行幸とは天皇が外出することで、天皇が上皇に会いに出かけることを朝覲行幸といいます。なにしに会いに行くかといえば、ご機嫌伺いです。天皇が上皇の御所を訪ねるわけです。

　そのときに上皇は天皇を出迎えますが、どちらが先に頭を下げるかといったら、これは確実に天皇なんですね。天皇が最初に頭を下げて「ご機嫌はいかがですか」と伺い、上皇が「よく来たね」という感じで挨拶を返します。この場合の天皇と上皇は、いってみれば一般家庭の父親と息子みたいな家族関係です。だから子供が先に頭を下げるのが、当然ということになる。この朝覲行幸が象徴するように、天皇より上皇のほうが上位、偉かったんですね。

僕は、そんなの当たり前だと思っていました。だけど調べてみたら海外の王室では、王様が引退したらただの人で、特別な称号はなく、あくまでも王様や女王の地位にいる人のほうが偉いということを知って、日本は特殊な国だと気がつきました。世界的にみると、江戸時代までの天皇と上皇の上下関係は、イレギュラー中のイレギュラーなんです。

もし異常に権力欲が強い王様がいたら、自分が王様を辞めて息子が王様になり、自分より息子のほうが偉くなることに耐えられないですよね。どうすればいいのかといえば、とても簡単で、死ぬまで王様をやっていればいいわけです。中国の皇帝がまさにそうで、死ぬまで皇帝の地位にいて、皇帝が存命中は後を継げませんでした。

ただし、唐の玄宗皇帝は例外です。玄宗は都の長安で反乱が起きると、楊貴妃《ようきひ》と一緒に都から逃亡します。皇帝がいなくなっちゃったので、都に残った息子が皇帝になるんですが、反乱が平定されると玄宗が都に戻ってきます。玄宗は逃げたけど、息子に皇帝を譲ってはいなかったので、皇帝がふたりいることになってしまいます。前の皇帝と今の皇帝と、どっちが偉いのかといったら、あまりにもレアケースでよくわかりません。だけど多分、今の皇帝のほうが偉かったと思います。

地位に権力や権威が付随して、地位が権力や権威を保証している、という考え方が世界標準です。だけど日本は天皇がその地位を去って上皇になっても、かつて天皇だった上皇のほうが偉かった。なんで日本はそうなのかといえば、「地位より人」だからです。つまり地位よりも、人のほうを重視するんですね。地位がどうこうより、その人がどうであるかのほうが大事だという考え方が、実は日本史に見出せる大きな特徴のひとつです。

ただし「地位より人」であるからといって、地位なんかどうでもいいということではありません。地位が一番ものをいったのは、「世襲」の権化ともいえる貴族たちです。貴族の間では「路頭礼《ろとうれい》」が、非常に重んじられました。路頭礼とは道を歩いていて、誰かに会ったときの礼儀作法のことで、地位に準じてルールがありました。たとえば貴族Aと貴族Bが道で遭遇したとき、どっちが先に頭を下げるかといえば、官職が下の貴族が先に頭を下げて、上の貴族が先に下げてはいけないんですね。官職は朝廷から割り当てられた職務のことで、この官職によって序列、つまり地位の上下が決まっていました。

ところが貴族にはそれぞれ〝家格〟という、家の序列が別にありました。どの官職まで出世できるのかは、その人の「才能」ではなく家ごとに決められていて、それが家格となっていたわけです。家格の高い家に生まれれば、ボンクラでも出世できました。逆に家格が低ければ、「才能」があっても出世はほぼできませんでした。代々同じ人生をなぞるのが、貴族だったんですね。

家格は一番上が天皇の代わりを務める摂政もしくは関白になれる摂関家です。二番目は大臣になれる家。三番目は大納言になれる家で、二種類ありました。ひとつは近衛の少将、中将などを経て大納言に昇る家。近衛は朝廷を守る軍人のことですが、名誉職で仕事はなにもないんですね、名前だけ。もうひとつは帳簿をつけたりお金の勘定をしたり、実務的なことを一生懸命やって、うまくすると大納言になれる家です。どっちの大納言が上かといったら、近衛を経て大納言になる家のほうです。つまり、なにも仕事をしない家が偉いわけです。いかにも貴族っぽい考え方ですよね、働かないで食える家が上で、働かなきゃいけない家が下というのが。大納言の下は中納言、その下は参議という官職がありました。

そうすると、たとえば実務経験を積んで大納言となった年配の貴族Aが道を歩いていて、向こうからまだ若造の参議でしかない貴族Bがやってきた場合、官職の低い貴族Bが先に頭を下げるのがルールです。だけど家格は、貴族Aが大納言止まり、貴族Bは大臣にまでなれるといった場合、面倒臭い話になるんですね。大納言で肩たたきされて終わる貴族Aと、将来は大臣になる貴族Bと、どっちが偉いんだろうと大いに悩むわけです。で、どうしたかといったらケースバイケースで、ルールはなかった。

昔の貴族はくだらないことをよくよく考えているもんだなと思いますけど、貴族とはそういう生き物だったんです。「世襲」の世界は、面倒臭いことがとても重要なことになるんですね。第二章で触れたように、やはり「世襲」社会だった江戸時代の武士も、儀礼が何より大事になります。まさに武家の宮廷化です。

武家政権では将軍という地位が無力化

「地位より人」が顕著だったのは、武士の世界です。たとえば豊臣秀吉が天下人となると、朝廷から関白という地位を得て、そのことを自分が武士のトップであることの根拠にします。武家政権は形の上では、朝廷から政権運営を託されたという構図で、あくまでも国のトップは天皇なので、朝廷から地位をもらう必要があったんですね。

秀吉はなかなか子宝に恵まれませんでしたが、ようやく側室の淀殿《よどどの》が男の子を産んでくれて鶴松と名付けます。でも、かわいそうなことに鶴松は二歳で亡くなってしまいます。秀吉は子供を諦めたんでしょう。自分の姉の息子である甥《おい》の秀次を後継者にして、彼に関白を継がせます。

じゃあ、関白になった秀次が天下人かといったら、誰もそんなことは思わない。天下人はあくまでも秀吉で、それを疑う人はいませんでした。とはいえ、やっぱりその卓越した地位に対しては、朝廷のお墨付きが必要なわけです。それで引っ張り出されたのが、関白の職を子供に譲った人の敬称である「太閤《たいこう》」で、太閤殿下と呼ばれるようになります。太閤という敬称は昔からあったことはあったんですが、あまり使われず、今は太閤イコール秀吉ですよね。

その後、淀殿は秀頼を産みます。秀頼は秀吉の子じゃないという噂《うわさ》もあって、僕もそんな気がしていますが、秀吉は自分の子供だと信じて秀頼を跡継ぎにします。となると、秀次はもう必要ないどころか、秀頼のライバルになるかもしれないので邪魔なだけです。秀吉は秀次だけではなく、彼の妻妾《さいしょう》や子どもたちまで皆殺しにしてしまいます。やっぱりここでも「地位より人」なんです。関白という秀次の地位は、なんの助けにもならなかったわけです。

徳川家康も「地位より人」を体現しています。家康は朝廷から征夷大将軍《せいいたいしょうぐん》という地位を得て、それを天下人の根拠としました。近世の研究者は、家康が征夷大将軍になった一六〇三年を江戸幕府の成立としていますが、僕はその説に従いません。家康が関ヶ原の戦いに勝った一六〇〇年を江戸幕府の成立年とすべきだと思っています。その時点で家康は天下人になったわけですから、肩書きより現実を重視すべきではないでしょうか。

戦に勝って征夷大将軍の地位も得た家康は、名実ともに武家政権のトップになります。しかし一六〇五年に、息子の秀忠に将軍職を譲ってしまいます。家康がこのようなことをしたのは、豊臣秀頼に天下人を譲るつもりはない、あくまでも徳川家で政権を担っていくことを示すためだったとよくいわれますが、僕にはそういう意図があったとは思えません。もう徳川の天下だというのは、みんなわかっているわけですから、わざわざそれを誇示する必要はなかったでしょう。

将軍をやめた家康は、江戸城を出て駿府城《すんぷじょう》（静岡県）に移ります。隠居したのかといえば、とんでもない話で、あくまで天下人はやっぱり家康です。家康は大御所様と呼ばれ、将軍ではなく大御所が実権を握った状況を「大御所政治」といいます。これは将軍という地位ではなく、徳川家康という人が大事だということですよね。息子の秀忠も、それで文句はいわないわけです。そして、秀忠も家康に倣います。息子の家光に将軍職を譲り、江戸城の本丸を出て西の丸に移りますが、大御所として政治の実権は手放さなかった。大事なのは、地位ではなく人だったからできたのです。

地位より人が重要。これが一番わかりやすい事例は、室町幕府でしょう。四代将軍の足利義持は、息子の義量《よしかず》に将軍職を譲ります。ところが義量は五代将軍になってわずか二年後、酒の飲みすぎで二〇歳になる前に急死します。義持には義量以外に息子がいなくて、義量にも息子がいませんでした。それで義持はどうしたかっていうと、まだ四〇歳ぐらいだったので、息子ができるかもしれないと思って、六代将軍はその子に託すことにして、その間は自分が将軍として働きます。義量に将軍職を譲った後も実権は手放していなかったので、義量が死んでもやることは同じでしたからね。義持も三代将軍だった父親の義満が生きていたころは、将軍職を譲られても名ばかりで、実権は義満が握っていました。

ただ、実質的には義持が将軍でも、将軍職に誰もいないことになるわけです。二回即位した天皇もいますから、四代将軍が六代将軍に返り咲いても問題はなかったはずですが、それはしなかった。実権を握っているから、わざわざ六代将軍になる必要がないのです。ここでも「地位より人」が露骨に表れています。

しかし、重大な問題が起きます。義量死去の三年後に義持が亡くなってしまったのです。子供もできなかった。幕府の重臣たちが「次の将軍はどうしましょう」って義持に尋ねたら、「おまえらが勝手に決めろ」っていって死んじゃった。それで有名な「くじ引き将軍」が登場します。出家して僧侶になっていた義持の弟四人を候補に立てて、くじで次の将軍を決めることになりました。多分、八百長はあったと思いますが、くじ引きなら将軍になれなかった弟たちも、文句はいえませんからね。

くじ引きの結果、青蓮院義円《しょうれんいんぎえん》が当たって、後に六代将軍・義教《よしのり》となります。ところが、義円が将軍になる手順で一悶着起《ひともんちゃく》きます。義円は政治に対して非常に前向きで、すぐに政務を始めたかったので、周囲にどうすればいいか意見を訊《き》きました。そうしたら、万里小路時房《までのこうじときふさ》という貴族が「ちょっと待ってください。まずは元服をして、成人男性であることを形の上で示すという手順を踏んでください。そうすれば朝廷は、すぐにあなたを征夷大将軍に任命します。それから、政治をやってください」といったんです。

元服は今でいえば成人式のようなものです。義円はすでに三〇代半ばでしたが、幼少の頃に出家して俗世の人ではなかったので元服をしていませんでした。そのため、俗人としては子供扱いだった。官位は元服をしないともらえないので、元服は必須でした。でも、義円はすぐに元服できなかったんです。

それはなぜかというと、烏帽子《えぼし》を被れなかったからです。元服では烏帽子という帽子を被るのがしきたりでしたが、烏帽子は髷《まげ》を結ってそこでとめるようになっているので、僧侶で頭を剃っていた義円には無理だった。時房は髪が伸びるまで政治をするのを待ちなさい、というわけです。義円はもういい大人なんだから、髪の毛とか元服とかそんなことどうでもいいじゃないか、政治のほうが大事だろうって思いますけど、プロトコルにいちいちうるさいのが朝廷という組織なんです。

時房は、手順が重要な理由をこう説明します。「自分の力が強いからといって、征夷大将軍という職をもらわないまま政治を始めたとして、よそに覇王が現れたらどうするんですか。あなたは覇王の存在を否定できませんよ」。覇王というのは武力で天下を治める人のことで、時房がいいたかったのは、覇王が現れたとき、征夷大将軍という地位を得ていないあなたは正統性を主張できず、覇王の存在を否定できませんよ、だから征夷大将軍という地位を得てから、政治を行うべきですということです。理屈の上では、時房の主張は確かに正しい。だけど時房の真意は、朝廷を重んじてくださいね、征夷大将軍を与える天皇をどうか尊重してください、ということなんです。朝廷を無視して政治を始められたら、朝廷の存在意義がなくなってしまいますからね。

それで義円はどうしたかというと、時房の意見を退けて、頭巾を被って（裹頭《かとう》という）政治を始めます。当時の武士は頭頂部を見せるのはいけなかったらしく、必ず烏帽子を被っていました。でも髪の生えそろってない義円は烏帽子をつけられない。そこで、裹頭をしたようです。

この悶着には、征夷大将軍という地位があるから天下人なのか、そうじゃなくて幕府の人たちが、この人は間違いなくくじに当たった後継者だと認めるから天下人なのか、という対立があるわけです。ここでも、地位と人のどちらが大事なのかが問われている。時房は地位が大事だって主張しますが、けっきょくは人本位でものごとが進んでしまうわけです。地位と人の区別をきちんとわきまえていないと、この悶着がなぜ起きたのか、本当の理由がわからないと思います。

「地位より人」が、室町幕府よりさらに露骨だったのは鎌倉幕府です。初代将軍の源頼朝が亡くなると、その妻だった北条政子の実家である北条氏が実権を握ります。北条氏は将軍を補佐する執権という役職を「世襲」することで、権力を維持したのです。だから北条氏による政治支配を「執権政治」といったりします。だけど、その執権という地位さえも、力の源泉ではなくなってくるんです。

第五代執権の北条時頼は、妻の兄である義兄の北条長時に執権を譲って、長時が第六代執権になります。じゃあ長時が執権だから権力者になったのかといったら、いや、依然として時頼だよねって話になるわけです。つまり執権は将軍という地位を有名無実化しましたが、時頼はその執権をも有名無実化してしまったのです。なぜそんなことができたのかといえば、時頼の家が北条氏の本家だったからです。本家は一族の中心となる家のことで、北条本家は得宗と呼ばれ、やがて「得宗専制」といわれる政治が行われるようになります。誰が執権になろうが、得宗が一番偉いわけです。まさに「地位より人」なんですね。

鎌倉幕府の将軍はどうなっていたかといえば、頼朝は朝廷から征夷大将軍に任ぜられ、征夷大将軍であることに依拠して、武士のトップとして認められます。ところが落馬して突然死してしまい、頼朝が跡継ぎに指名していた長男の頼家が二代将軍になります。だけど頼家が征夷大将軍になったのは三年後で、正確にいえば三年間は将軍ではなかった。それでも鎌倉幕府のトップになれたのは、頼朝が後継指名していた頼家だから偉いんであって、征夷大将軍だから偉いわけではないからです。ここでも「地位より人」ということになります。

三代将軍には頼家の弟の実朝《さねとも》がなりますが、頼家の子の公暁《くぎょう》に暗殺されて、源氏の将軍は三代で断絶します。鎌倉幕府は後鳥羽《ごとば》上皇の皇子を将軍として鎌倉に連れてこようとしますが、鎌倉みたいな物騒なところに息子をやれない、といわれて拒否されます。それで摂関家の九条家から、当主の道家の息子である三寅《みとら》を連れてきます。しかし、三寅はわずか二歳で、いくらなんでもすぐに将軍にはなれませんでした。じゃあ将軍がいない間、誰が鎌倉幕府のトップだったかといえば、北条政子です。政子は実質的な将軍として、三寅が将軍になるまで頑張った。頼朝の死後、出家していた政子は「尼将軍」ともいわれましたが、もちろん征夷大将軍にはなっていません。またもや「地位より人」ということが、明らかにみてとれるんですね。

「才能」より「血」が大事

これまでの話で「地位より人」が、どうも日本のルールらしいということはわかってもらえたかと思いますが、なにかモヤモヤしていませんか。なぜ「人」が「地位」より重要視されるのか、権力と権威の源泉であるはずの地位が、ないがしろにされるのはなぜなのか。つまり「人」って何を意味しているのか、という疑問が沸々と湧いてきているのではないでしょうか。

人を形づくっているものは、ふたつあると思います。ひとつは「才能」、もうひとつは「血」、つまり血のつながり、血脈です。日本では「才能」より圧倒的に「血」が重要なんですね。足利義教が室町幕府第六代将軍と認められたのは、足利将軍家の血を正統的に受け継いでいるからです。北条時頼が執権を有名無実化できたのも、得宗の血を受け継いでいるからだというふうに考えると、だから日本では「世襲」が強いんだな、と理解できると思います。つまり「地位より人」、人の中でも血のつながりが一番重要視されるから、日本は「世襲」が非常に強い社会になるわけです。

徳川家の場合も家康、秀忠、家光と血がちゃんとつながっているから、地位はどうでもいいわけですよ、血さえちゃんとつながっていれば、後継者になり得るのです。一番わかりやすいのは、万世一系の天皇家ですよね。それだけ日本では「世襲」が重んじられるということです。いつから日本は「世襲」が強いかといえば、古代からだと考えるべきだと思います。天智天皇の弟が天武天皇、娘が持統天皇と、同じ血脈ですからね。

古代史の研究者は「古代の律令国家を支えた官僚」といったりしますが、古代の日本に本当の意味での官僚、つまり科挙のような試験を経て「才能」で選ばれた官僚はいませんでした。平安時代までの日本は、天皇と貴族が支配層を形成していた国だと思います。律令国家形成期の平安時代前期ぐらいまでは、下級貴族でも「才能」があれば抜擢された官僚的な人はいました。右大臣にまでなった菅原道真《すがわらのみちざね》はその代表です。だけど道真が左遷されたのを機に、「才能」による抜擢という道はほとんど閉ざされ、藤原氏が上位の官職を独占するようになります。藤原氏の祖は大化の改新の首謀者とされる中臣《なかとみの》鎌足《かまたり》で、天智天皇から「藤原」の姓を与えられた一族です。ここでも血脈が力を発揮するわけです。

平安時代の藤原氏が絶大な権勢を誇るようになったのは、「外圧」がなく遣唐使も廃止されてからです。日本は「外圧」をほとんど気にしなくてもいい状況になると、「世襲」化がどんどん強まります。外敵の心配がなくて平和で食う心配もないと、「才能」は必要とされない、いらないんですね、そんなものなくても生きていけますから。「世襲」を重んじることは、「才能」を抜擢しなくなることです。

「外圧」がなくてもさすがに戦国時代は「才能」重視だろう、優秀な家臣を登用しなかったら国が滅びるだろう、自分がやられちゃうだろうって思うでしょうが、やっぱり「才能」の抜擢がなかった。戦国時代ですら「世襲」は重いわけです。

それを示す一例が、戦国大名の走りみたいな朝倉敏景《あさくらとしかげ》（孝景《たかかげ》とも）が遺した「朝倉敏景十七箇条」という家訓です。朝倉氏は五代一〇〇年、越前国（福井県）の一乗谷《いちじょうだに》で繁栄したといわれ、敏景はその初代になりますが、朝倉氏は代々名前を変える人が多く、しかも先代とか先々代と同じ名前だったりして、ややっこしい。敏景は後の名前が孝景、出家してからは英林と名乗ったので、朝倉英林ともいわれます。

その敏景が家訓に、戦を起こすときにいちいち占いなんかするな、そんなことしている場合じゃないって書いているんです。戦国大名たちは戦に臨む際、どっちの方向に兵を向けるべきか、いつ兵を出発させるのか、そういったことを占っていました。だけど敏景は占いなんかやっていたら、無駄に時間が過ぎてやられちゃうだけで、落ちる城も落ちない、勝てる戦も勝てないと。だから占いなんかしてないで、ガンガン行けというようなことを子孫への戒めとしているわけです。だから、それなりに合理的な考え方をする人だったんですね。

にもかかわらず、内政に関しては他国の人間はなるべく使うなと。要するに越前の人間で固めろと。よその国の人間なんか信じるなって書いているんです。まさに人材登用とは正反対の発想です。ほかの戦国大名も、抜擢人事はほとんどやっていません。やっぱり「才能」の抜擢には消極的なんです。

そんな中で抜擢人事をやったほうだといえるのが、甲斐国《かいのくに》（山梨県）の武田《たけだ》信玄《しんげん》です。でも抜擢の方法が、遠慮がちなんです。たとえば馬場信春。信春は後に武田四天王と称される重臣のひとりです。長篠《ながしの》の戦いで戦死するまで、ずっと武田家を支え続けた有能な武士で、元々の名前は〝教来石《きょうらいし》景政〟といいます。だけど、この名前では抜擢できなかったんですね。武田家となんの縁もないからです。それで跡継ぎがいなかった甲斐の名門である馬場家の跡継ぎにして、名前も馬場信春と改名してから登用しました。馬場家には跡継ぎがいたんですが、信玄の父親の武田信虎に諫言《かんげん》したら逆鱗《げきりん》に触れて、殺されてしまったようです。信虎はとにかく評判が悪くて、信玄に追放されてしまいます。

武田四天王のひとりである内藤昌秀《ないとうまさひで》も、やはり甲斐の名門の家を継がせて、馬場信春と同じような手順を踏んで抜擢しています。なぜワンクッションおいたかといえば、他国の人間は使うな、有能だからといって身分の低い人間を抜擢するなという世の中の風潮があって、それをかわすためだったと考えられます。武田信玄は優秀な戦国大名だったから、やはり有能な人間を使いたいという気持ちがあったのでしょう。そんな信玄でも、「世襲」を無視することができなかったんですね。

確かに人材抜擢をすると、秩序を崩すことになって争いのもとになることがままあります。争いを起こすくらいなら調和を大事にしようよ、というのが大半の日本人の考え方なんですね。聖徳太子が制定したとされる「十七条憲法」の第一条にあるように「和を以《もっ》て貴《とうと》しとなす」なんですよ。だけど、優秀な人は困っちゃうわけです。要するに和を大事にするためなら、才がなくてもOKってことになるから。「世襲バンザイ！」はイコール「才能なんて気にするな！」っていう話になる。だけど、日本はそういうお国柄なんですね。

そういう意味でいうと、織田信長は俄然《がぜん》異彩を放っています。「才能」があれば、羽《は》柴秀吉《しばひでよし》や明智光秀《あけちみつひで》、滝川一益《たきがわかずます》といったどこの馬の骨かわからないような人間でも、躊躇《ちゅうちょ》なく抜擢しました。一益は甲賀《こうが》の出身なので、忍者の子じゃないかなんて話もありますが、信長は意に介さなかった。信長はそういうところが、ほかの戦国大名とまったく違います。逆にいうと、信長ぐらいしかいないんですよね、身分や出自に関係なく「才能」だけで人材を登用できた人は。それだけ「世襲」が強かったということです。

中国の『三国志』の時代に魏《ぎ》を建国した曹操は、信長よりさらに徹底しています。曹操は「唯才《ゆいざい》」といっています。ただ才能あるのみだと。才能さえあればどんな人間でも抜擢する、兄嫁を盗むような奴でも抜擢すると。中国は道徳を非常に重んじる儒教が盛んな国だったので、兄嫁と密通するなんてあってはならない、絶対にやってはいけないことでした。でも曹操は道徳なんかどうでもいい、スキャンダルまみれでも、才能があれば登用すると断言したんです。

中国には実際、兄嫁を盗んだと噂される軍師がいました。漢の時代の陳平《ちんぺい》です。漢には大軍師の張良《ちょうりょう》がいて、中国における最高の軍師と謳《うた》われていますが、陳平も張良に劣らない大仕事をしました。だけど、兄嫁と密通したという黒い噂が常につきまとっていたんですね。中国の場合は「才能」vs.「道徳」で、「世襲」はほとんど関係ないんです。一方、日本は道徳をさほど重んじなかった。日本に儒教が本格的に入ってくるのは江戸時代なので、そういうことも影響しているのでしょう。

家の繁栄のために「血」を利用

これまでの説明を注意深く読んでいる人は、ちょっと待てよ、「地位より人」、人の中でも「血」が大事だから「世襲」が強いといっているけど、血がつながっていない「世襲」もあるじゃないか。本当に大事なのは血のつながりなのか？　って感じていると思います。その疑問はもっともですし、的を射ています。

江戸時代は「三百諸侯」といわれて、約三〇〇の大名家がありました。しかし江戸時代当初から幕末まで、血がつながっている大名家はほとんどありません。どこかの代で養子が入ってきています。これは仕方がない面もありました。殿様の家に跡継ぎがいなかったら家を取り潰され、その藩は存続できなくなり、家臣たちは路頭に迷うことになるからです。大名家の存続は、死活問題だったんです。

最初は養子でも、血のつながりにこだわります。たとえば「赤穂事件《あこう》」の吉良上野《きらこうずけの》介《すけ》の場合、吉良家は旗本ですが、息子は米沢藩（山形県）の藩主・上杉家の殿様です。なんで吉良家の子が上杉家の殿様になっているのかといえば、上野介の妻は上杉家の姫だったからです。息子の血の半分は上杉家なんですね。だから跡継ぎがいなくて、上杉家が断絶しそうになったときに養子に入ったんです。「赤穂事件」が起きたのは一七〇一年ですが、その頃はまだ血のつながりを重視していたといえるでしょう。

「赤穂事件」では、吉良に斬りつけた赤穂藩主の浅野《あさの》内匠頭《たくみのかみ》が切腹となり、赤穂藩は取り潰されます。一方、吉良はお咎《とが》めなしになりました。この裁きに、赤穂藩の元家臣たちが怒るわけです。事件の原因をつくったのは吉良なのに、罰せられないのはおかしいって。それで事件の翌年に、元家老の大石内蔵助《おおいしくらのすけ》ら赤穂浪士の四十七士が、吉良邸に討ち入って吉良の首をとります。そのとき、上杉家から吉良を守るために侍が来ていて、赤穂浪士と斬り合って亡くなった人もいます。

吉良家と上杉家は血によってつながっていましたが、そのうち血縁にこだわっていられなくなって、ともかく健康でありさえすればいい、利発だったらますますいうことないというふうになっていきます。たとえ血縁者に男の子がいても、健康面で問題があったりして、殿様になれなかったりする場合もあったんです。

後に上杉家に殿様として迎えられた上杉鷹山《うえすぎようざん》は、日向国《ひゅうがのくに》（宮崎県）の高鍋藩《たかなべはん》の殿様である秋月家からきた養子で、上杉家と血のつながりはまったくありません。その代わり、上杉家の幸姫《よしひめ》を正妻にします。だから、やっぱり血のつながりを考えないわけではなかったようですね。鷹山は破綻寸前の米沢藩を建て直した名君として知られていますが、人間性も立派な人でした。幸姫は気の毒なことに、知的障害があったんですね。鷹山はそんな幸姫をとても大切にして、一緒に毬《まり》をついて遊んだりしています。

鎌倉幕府が編纂した歴史書『吾妻鏡《あずまかがみ》』には、「血」と「家」の関係を示す興味深い事例が記述されています。源頼朝が奥州藤原氏を平定して鎌倉に戻る途中、葛西清重《かさいきよしげ》の家に寄ったときの出来事です。清重は武蔵国《むさしのくに》の有力な御家人で、現在の葛西（東京都江戸川区）に住んでいて、殿が来てくれたと大変喜びして、一生懸命もてなします。

そのときに、「青女《あおおんな》」にご飯の介添えとか頼朝の世話をさせるんですね。青女は若々しい女性という意味で、頼朝が青女の素性を尋ねると、清重は近所で評判の女性で、殿のために特別に来てもらった、というようなことを言います。多分、美人で気立てもよかったんでしょう。頼朝は泊まっていて、青女と一夜をともにします。

ところが『吾妻鏡』には、その青女は新婚ほやほやだった清重の妻だったと書いてあるんです。当時、清重は二〇代前半でしたから、妻も当然若くて、しかも畠山重忠《はたけやましげただ》というやはり武蔵国を代表するような御家人の妹で、由緒正しい人でした。今の僕らの感覚からすれば、いくら偉い人が家に来てくれたからといって、新妻を差し出すなんてあり得ません。当時なら器量のいい独身女性に、殿のお世話を頼むこともできたはずですが、自分の妻だと特典があったんです。どういうことかいうと、頼朝の子供を得られるチャンスだった。

葛西家はその後、東北に活躍の場を求めて戦国大名に成長していきます。豊臣秀吉の小田原征伐の時、挨拶に行くのが遅れて取り潰されてしまいますが、そうなるまでは大名として栄えていたので、葛西家の系図もちゃんと残っています。その系図をみると、葛西清重の息子に朝清《ともきよ》をおく系図とおかない系図があるわけです。清重はもちろんいろんな資料で裏が取れて、その後の当主も裏が取れるので、実在した人たちであることは間違いない。問題は朝清で、裏が取れないんですね。要するに、系図にしか出てこない。

ポイントは朝清という名前です。清は清重の清、朝はどう考えても頼朝の朝でしょう。つまり朝清は新妻が殿と一夜をともにした時にできた頼朝の子で、わが葛西家は頼朝様の血を受け継ぐ名門である、といいたかったのではないのかなって思うわけです。鎌倉幕府は『吾妻鏡』を編纂《へんさん》する際、御家人たちに持っている資料を出させたはずなので、この話は葛西家から上がってきて、『吾妻鏡』に入れられたと考えられます。

南北朝時代には『尊卑分脈《そんぴぶんみゃく》』という系図が編纂されました。藤原氏や平氏、源氏など氏別に系図を表したもので、この系図には九州の大名である大友家と島津家は、初代が頼朝の落胤《らくいん》であると書いてあります。落胤というのは身分の高い男性が、妻以外の女性に秘かに産ませた子供という意味です。

大友家は豊臣秀吉によって潰されますが、島津家はずっと続きます。島津の元々の姓は惟宗《これむね》というんです。ところが戦国時代には惟宗ではなく源の姓を名乗っている。つまり、頼朝の子孫であるというわけです。江戸時代には島津家が、ご先祖様として頼朝の墓の整備もしています。要するに島津家は〝徳川家は源氏の血を受け継いでいるといっているけど、どこの馬の骨だかわからん、島津家こそが源頼朝の子孫なんだ〟といいたかったわけです。

そういうことを考えると、やっぱり落胤も含めて「養子あり」だなってことになりますよね。もっと厳密にいえば、家を栄えさせる、家の格を上げる養子はウェルカム。格上の家から養子を迎えるのはＯＫ。どこの馬の骨かわからない養子はＮＧなんですね。貴族のトップである近衛家は、江戸時代初期に養子を迎えていますが、養子の生家は天皇家です。近衛家より上は天皇家しかないからです。そうすると、血のつながりより実は「家の繁栄」が一番大事なんじゃないのかっていうのが、僕の最終的な見立てになります。

落胤としてよく知られているのは、平清盛です。『平家物語』に、清盛は白河上皇の落胤である、とはっきり書いてあります。その経緯は、次のように記されています。白河上皇は祇園女御《ぎおんにょうご》という女性を寵愛《ちょうあい》していました。祇園あたりに住んでいた女性なので祇園女御と呼ばれていて、白河上皇は彼女の元に通っていたんですね。するとある晩、祇園女御のところに向かう途中に鬼が出た。びっくりした白河上皇は、自分の警護にあたっていた清盛の父親・平忠盛に討伐するように命じます。

忠盛は鬼に近寄って、すぐに刀を抜いたりせずに、まずは正体を確認します。すると、年老いた坊さんが提灯かなにかに火をつけて明かりをとっていた。その日は雨がしとしと降っていたので坊さんは蓑笠《みのかさ》を着ていて、その姿が明かりに反射してぼわっとでっかく映って、角が生えているように見えたんです。

忠盛はなんだ、ただの年寄りじゃないかと思って、そのまま白河上皇の元に戻って事の次第を報告します。すると白河上皇は危うく罪もない弱々しい老人を殺すところだった、おまえのお陰でそんなことをせずにすんだ、おまえは本当に肝が据わっていて機転も利くなといって感心します。そしてその褒美として、忠盛に祇園女御をあげることにしました。今の人は女性をもののように扱っていることに驚くでしょうが、当時の人はそういう感覚だったんですね。

忠盛は祇園女御を賜って、家に連れて帰りますが、お腹が大きいことに気がつきます。どうも妊娠しているらしい、それは当然白河上皇の子であるので、機会をみて白河上皇にそのことを伝えます。すると白河上皇は、生まれてくる子が女の子なら、朕のそばにおいて姫として育てよう、男の子だったらおまえが育てて跡継ぎにせよというわけです。で、生まれてきた子は玉のような男の子で、それが清盛だった。清盛が大出世するのは、上皇の息子だからしょうがないよね、というような話になる。

『平家物語』に書いてあるんだから、信じてもいいわけです。清盛研究の第一人者、高橋昌明《まさあき》先生は、清盛の父親は白河上皇だと断じていますが、僕は信じていません。二〇一二年に放送されたNHK大河ドラマ「平清盛」で、清盛落胤説に対して相反する考え方をもつ高橋先生と僕が時代考証を担当しました。ドラマでは落胤説が採用されています。そのほうがドラマとして面白いからでしょう。清盛は大変高貴な生まれであると。忠盛には確実に自分の血を受け継いだ男の子がいるのに、その子を差し置いて清盛を跡継ぎにしたことで、平家は栄えるようになったという展開ができて、視聴者も楽しめるのだと思います。

でも、僕の考えは変わりません。清盛落胤説を否定する一番の理由は、ある時期まで清盛とすぐ下の弟・家盛が後継者争いをして、家盛が跡取りになりそうな場面もあったからです。自分の子でなくても、実の父親が高貴な人だったら、その子が後継者になるのが当時の大原則だったとすると、清盛は家盛のはるか上の地位になるので、そもそも家督争いは起こりようがなかったはずです。しかも白河上皇が自分の子を跡継ぎにするように、忠盛にいっているわけです。上皇の言葉に逆らうようなことはできないでしょう。清盛が後継者になれば、家の繁栄は約束されているので尚更《なおさら》です。そう考えると、清盛落胤説はあり得ない、と相当の自信をもっていうことができます。

弟でありながら家盛が後継者候補になったのは、池禅尼という正妻の長男だったからです。当時はできるだけ家格の高い家から、正妻を迎えるのが習わしでした。家格の高い家は人脈が広いので、家が繁栄する後ろ盾になったからです。池禅尼は中級貴族の娘で、忠盛がある程度まで出世できたのも、正妻の力が大きかったといわれています。後継者レースにおいても、実母が正妻だと断然有利でした。源頼朝がまさにそうで、源義朝の三男だった頼朝が、生まれたときから源氏の後継者とされたのは、正妻の長男だったからです。頼朝の実母の由良御前《ゆらごぜん》も、中流貴族の娘でした。

一方、清盛は実母が誰であるにせよ、正妻の子ではなかったことは確かです。それにもかかわらず清盛がなぜ後継者になれたのかといえば、ライバルである家盛が二〇代半ばで急死してしまったからです。ただ、清盛には頼りになる母親の実家がなかったので、義母の池禅尼を粗末にはできなかったのでしょう。『平家物語』には、清盛が源頼朝の首を討たなかったのは、池禅尼が亡くなった家盛の幼い頃に面影が似ている頼朝を憐《あわ》れみ、断食をしてまで助命を嘆願したからだと書いてあります。

武士にとっては、家が栄えることが一番大事だったんです。武士の間の主従関係は、自分が命を捨てて主人のために働けば、たとえ命を失っても、仕えている主人が自分の家に土地という褒美をくれる。それで家が栄え、自分はご先祖様として祀《まつ》ってもらえるから、命をかけて苛烈に戦える、命を捨てることができたのだと思います。将軍と御家人の主従制も、個人ではなく家を媒介にしていたわけです。自分の死が家の繁栄につながるという強い思いがないと、やっぱり人間はなかなか死ねないですよね。

今までの話をまとめると、日本人にとっては、地位じゃなくて人が大事、人の中でも才能ではなくて血のつながりが大事、血のつながりよりも家がもっと大事、ということになります。家の存続と繁栄がなにより大事だから、日本は「世襲バンザイ!」の国になったということです。自分のＤＮＡを残すために戦う、という生物としての本能的なものはあるのかもしれませんが、昔はDNA鑑定とかありませんから、父親は本当に自分の息子なのか、確認のしようがないわけですよ。となると、実は自分の息子か否かというのはあまり関係がなかった、家が栄えれば血はつながってなくてもよかった、ということだったのだと思います。

天皇家の存続は何よりも大事

天皇家が万世一系といわれるようになったのは明治時代からで、江戸時代までは「天《てん》祚一種《そいっしょう》」といわれていました。天祚は皇位という意味で、皇位を継ぐ家はひとつしかないということです。

南北朝時代、倒幕に執念を燃やしていた南朝の後醍醐《ごだいご》天皇の側近に、吉田定房という博学の貴族がいました。定房は後醍醐天皇に、討幕を思いとどまるように諫《いさ》める上奏文を書いていています。上奏文は天皇に対する意見書のことで、天祚一種はその上奏文の中で出てきます。定房はこう書いていています。「日本は天祚一種なるが故に陵遅《りょうち》日に甚だしく、中興期《ご》なし」。つまり日本は皇位を継げる家がひとつしかないから、衰える一方で盛んになることは期待できないと。だから天皇家の存続を危うくするようなことは、やめてください！　と訴えるわけです。

中国はひとつの王朝が滅びると、別な家が皇帝となって新たな王朝が生まれました。たとえば漢を建国した劉《りゅう》家が滅びたら、曹家が魏という国をつくって、それが滅びると司馬家の晋が出てくるといった具合です。そういうふうに中国は次から次に皇帝の家が出現するので、国として繁栄し続けられるんですね。

それに対して日本は天皇家しかないから、天皇家が滅びたらもう再興できない、終わりだって、定房はいっているわけです。家の頂点である天皇家は、養子をもらうことができません。養子は自分の家より家格が上の家から迎えるとされていて、天皇家以上の家がないから無理なんです。だから、万世一系にならざるを得ないわけです。

明治政府は万世一系を尊いと讃えましたが、中世の貴族である定房は、天祚一種は国を衰退させるといって、皇位を継ぐ家がひとつしかないことを否定的にとらえています。つまり時代によって、天皇家に対する考え方は違うんです。社会の価値観も時代とともに変わるので、そういったことも影響すると思います。

たとえば平安時代に書かれた『源氏物語』を読むと、僕は驚愕《きょうがく》します。主人公の光源氏は天皇の息子ですが、「臣籍降下」といって皇籍を離脱して臣下になるわけです。その光源氏と天皇の中宮（皇后とほぼ同じ）になる継母の藤壺《ふじつぼ》が密通して子供が生まれ、その子が天皇になるってどういうことですか。光源氏と藤壺の間にできた子は天皇の孫になるので、血のつながりは濃いですよ。でも臣下の子供が、天皇になったということですよね。源頼朝も臣籍降下した源氏の生まれですから、原理的に考えれば頼朝の子供が天皇になったのと同じことじゃないですか。

それ以上に驚いたのが、源典侍《みなもとのないしのすけ》という朝廷に仕える女官の話です。朝廷は各部署の職員を四等級にわける四等官制で、上から長官《かみ》、次官《すけ》、判官《じょう》、主典《さかん》という序列になっています。ただし女官の場合は主典がいない三等級で名称も異なり、序列は上から尚侍《ないしのかみ》、典侍《ないしのすけ》、掌侍《ないしのじょう》とされ、通常は尚侍をおかなかったので、典侍は女官の最高峰だったわけです。天皇に寵愛されて子供を産む典侍が少なくなく、その子が天皇になることも珍しくありませんでした。

源典侍の「源」は実家の姓で、源氏出身です。年齢は五七歳ぐらいでしたが、〝色好み〟として有名でした。今だったら恋愛依存症とかいわれるんでしょうが、当時は恋愛上手というプラスの意味で使われていました。光源氏は一〇代後半に、この源典侍と男女の関係になります。約四〇歳という年の差にもびっくりしますが、典侍が密通することに驚愕しました。しかも源典侍には、修理大夫という夫のような人もいるんですよ。五七歳で子供ができることはまずありませんが、典侍は結婚もできたし、浮気もできたということになりますよね。夫も愛人もいる典侍が天皇から寵愛されて、もし子供ができたら誰の子になるんだといったら、夫ではなく天皇の子と認知される可能性が高い。

王朝時代の中国や朝鮮、ベトナムでは、妃や女官たちがいる後宮に皇帝や王様以外の男性が近づくことは許されませんでした。後宮で力仕事などの男手が必要なときは、宦《かん》官《がん》という去勢された男性が担当していました。これらの国では、皇帝や王様の血のつながりを非常に重視していたわけですね。ところが日本では科挙と並んで、この宦官も導入されませんでした。中国などの後宮と比べたら、平安時代の朝廷の自由さにはただただ驚くばかりですが、平安貴族にとって恋愛は文化のひとつであり、色恋沙汰をとやかくいう人を野暮だと思っていたようです。

もちろん『源氏物語』はフィクションなので、真面目に論じるほうがおかしいといわれるかもしれませんが、当時の貴族たちは誰も『源氏物語』は不敬な話だ、けしからんと怒ったりしていないんですよ（なお、江戸時代になると、この作品はふしだらだという評価が朝廷でもでてきます）。それどころか素晴らしい作品だと誉めそやし、今でいう大ベストセラーになっているわけです。しかも作者の紫式部《むらさきしきぶ》は、中宮・彰子《しょうし》の家庭教師のようなことをしていた女性で、彰子は当時の最高権力者だった藤原道長の娘です。道長は後一条《ごいちじょう》天皇、後朱雀《ごすざく》天皇、後冷泉《ごれいぜい》天皇の外祖父（母方の祖父）でした。紫式部はその道長から高く評価され、信頼を得ていたといわれています。

　そういうことを考えると、平安貴族にとってなにより重要だったのは、天皇家の存続だったのではないでしょうか。天皇家の存在を脅かすようなことをしない限り、だいたいのことは大目にみて、とやくいわないというスタンスだったような気がします。

第四章　日本の歴史と宗教の関係

仏教が受け入れられたのは神道が多神教だったから

日本という国を理解する上で、日本の宗教の歴史は大事な要素のひとつだと思います。宗教のあり方は社会の変化と連動していて、宗教に対する日本人のかかわり方も、その時代と日本人の特質を表しているからです。歴史的にみて、日本のあり方に最も大きな影響を及ぼした宗教は仏教といえるでしょう。

仏教はインドで生まれ、中国を経て日本に伝来したのは五五二年といわれています。日本には古来、神道という宗教がありましたが、万物に霊が宿るとする素朴な信仰で、教義や教典はありませんでした。それに対して仏教は、経典、つまりお経という教義を説く教典がありました。だから仏教は日本にもたらされた、最初の本格的な宗教なんです。キリスト教やイスラム教も、それぞれ『聖書』、『コーラン』という教典がある本格的な宗教です。

日本で仏教が受け入れられたのは、神道がいろいろな神様がいる多神教だったことが大きかったと思います。もし神道がキリスト教やイスラム教のように、神は唯一とする一神教だったら、仏教は受け入れられなかったかもしれません。多神教だったから、仏教の仏様も神様の仲間のように思われ、極めて仲よくやることができたのでしょう。日本でも寺院や仏像が造立されるようになって、仏教が信仰されるようになります。

本格的な宗教は信仰の対象であると同時に、教典をしっかり読み込んで思索をする哲学でもあります。日本で仏教が哲学として最も重んじられたのは、おそらく奈良時代だと思います。奈良時代の奈良には六つの宗派があって、奈良は京都からみれば南に位置する都だったので、後に「南都六宗《なんとりくしゅう》」とか「奈良仏教」と総称されます。お坊さんには学僧と呼ばれる人がいて、学僧は一生お経の中に埋もれて、ひたすら勉強します。奈良仏教では、この学僧が大勢いました。当時のお坊さんは宗教者であると同時に、最高の知識人でもあったのです。

ところが仏教、つまりお坊さんの影響力が大きくなり過ぎてしまって、一説によれば桓武《かんむ》天皇は寺院の勢力から逃れるために、平安京に移ったといわれています。平安京では哲学的な思考をするための宗教ではなく、新しいタイプの仏教が求められました。その願いに応えたのが、空海《くうかい》と最澄《さいちょう》でした。ふたりは中国に渡って、今までとは違う形の仏教を日本に持ってきて、空海は真言宗、最澄は天台宗を開きます。真言宗と天台宗は、朝廷の後押しを受けて広まっていきます。

僕が小学生だった頃と変わっていなければ、中学受験をする子供たちは、空海といえば真言宗、最澄といえば天台宗、中心寺院は真言宗が高野山金剛峯寺《こうやさんこんごうぶじ》（和歌山県）、天台宗が比叡山延暦寺《ひえいざんえんりゃくじ》（滋賀県）、空海は弘法大師《こうぼうだいし》、最澄は伝教大師《でんぎょうだいし》と呼ばれたとスラスラ答えるでしょう。大師は朝廷から贈られる称号です。さらに少し歴史が得意な子だと、空海の教えを密教、最澄の教えを顕教といって、真言宗はどちらかというと儀式を重視して、儀式をやることによって不思議な効果や成果を得る。顕教は「一＋二＝三」、「三＋四＝七」というように科学的な思考を積み上げていく学問であるというようなことまで覚えているかもしれません。

しかし、一番肝心なことは教えてもらっていないんです。それは、仏教の教えを説く対象に、庶民は入っていなかったということです。平安時代まで仏教は皇族や貴族たちのもので、庶民が布教の対象となるのは鎌倉時代からです。

では、真言宗や天台宗の目的はなんだったのかというと鎮護国家、つまり仏教によって国を守って安定させることです。仏に祈れば、現世でいろんなかたちの利益になる、現世利益《りやく》といわれる考え方でした。現世利益は結局のところ、お金持ちがそのお金を仏教界に献上することによって、さらに金持ちになるということですから、庶民がつけ入る隙はない。でも、鎮護国家ということにすれば庶民も救うことになるという論理で、真言宗と天台宗は切り抜けてきたわけです。

中世の仏教を引っ張った二つの密教

顕教は学習、学びを非常に重視します。お経を読み込んで中身をしっかりと理解して、どこに問題点があるのかというようなことまで考えます。仏教を開いたお釈迦《しやか》様の教えを頼りに、一歩一歩学びを積み重ねていけば、その結果として悟りが開かれると考えるのが顕教です。

これに対して密教は、大日如来の教えです。お釈迦様を超える存在として大日如来という仏がいて、広大無辺、つまり大変深遠なものであり、我々人間ごときの知性では窺い知れないものだと。だから、ともかく大日如来のいうことを聞いて、儀式や法要を執り行うことで悟りの道に近づけるという考え方です。密教では『大日教』というお経に従って、法会を行うのがメインになります。たとえば木片を火中に投じる護摩《ごま》という儀式をして、鎮護国家を祈禱《きとう》するとか。そうなると、奈良仏教以来のお経を読んで一生懸命考えるという修行は、一番大事なことではなくなってしまうんです。

中学受験を控えた子供たちに、どっちがうさん臭いと思うかって訊《き》いたら、ほぼ全員が密教というでしょう。当時の知識人でもある平安時代の貴族たちは、どっちを素晴らしいといって歓迎したと思うかって訊いたら、顕教って答えるのではないでしょうか。

ところがそうではなかった。貴族が大歓迎したのは、顕教ではなく密教のほうでした。護摩などの儀式を行う法会が、一世を風靡《ふうび》して高く評価されたんです。呪文のような世界でかたがつくのなら、そっちが圧倒的にいいわけです。摩訶不思議《まかふしぎ》な力、自分たちが理解できない力となれば、勉強しなくてすんでラクチンだったからです。

論理的な思考を放棄することは、宗教ではしばしばあることです。たとえば唯円《ゆいえん》という鎌倉時代のお坊さんは、『歎異抄《たんにしょう》』にこう書いています。

〝わが師である親鸞《しんらん》は、阿弥陀仏《あみだぶつ》の教えを信じているわけではない。親鸞が信じているのは、師である法然の言葉である。法然が嘘《うそ》をついて私が騙《だま》されているのなら、私は法然とともに地獄へ落ちる。法然を信じて、師の教えどおりに進むのみで、師が「南無阿弥陀仏《なむあみだぶつ》」と唱えろというから、私は「南無阿弥陀仏」と唱えるんだ〟と。

つまり教義よりも、師がどういったのかが最も重要で、師を信用する。師と仰ぐ人をひたすら信じるんです。こういった信仰の形態は、新興宗教（学問的には新宗教といいます）といわれる近年に生まれた宗教組織でもしばしばみられます。そういう姿勢と対極にあるのが最澄で、彼は教義を一生懸命勉強します。非常に生真面目な人なんです。だけど、貴族が密教に傾倒するのをみて、こんなはずじゃなかったのに、と慌てます。

それでどうしたかといえば、密教がどういうものであるかを学びたいからと空海に密教の経典を借りに行きます。空海ほどの人ですからケチなことはいわず、わかりました、どうぞって貸してあげます。そういう関係だったふたりの間に、弟子の帰属問題が起きます。泰範《たいはん》という最澄の弟子が、空海に鞍替《くらが》えするんです。それが原因で、最澄と空海は決裂したといわれていますが、これは嘘だと思っています。

最澄は弟子を大事にして、人間的にも尊敬される人だったので、そんなことで怒ったりはしなかったでしょう。最澄自身、空海から経典を借りていますしね。ただ、とにかく勉強熱心で、思い込んだら命懸けみたいなところがあって、まわりが見えなくなる時があるようです。多分、度を超すぐらい頻繁に、空海から密教の経典を借りたのではないでしょうか。

空海にしてみれば、遣唐使として中国に渡り、必死の思いで持ち帰ってきた経典です。遣唐使の船は、ひとりにあてがわれる広さが限られていて、一畳あったかなかったかぐらいだといわれています。空海はそこに教典を積んで、自分は小さくなって帰ってきたんです。しかも四艘《そう》のうち一艘は沈むという危険な船旅でしたから、空海にとって経典は、命より大切なものだったはずです。

その経典を何度も借りにくる最澄に対して、さすがの空海もふざけんな、いいかげんにしろよと怒った。それでふたりは仲が悪くなった、というのが真相ではないでしょうか。最澄は密教を学びたい一心だったと思いますが、経典の借用問題は空海に分があるように思います。

結局、最澄の代では、密教の教えをきちんと完成させることができず、最澄の弟子たちが中国にも行って密教を学び、天台宗の密教を完成させます。それが天台宗の密教、「台密」となり、真言宗の密教は「東密」と呼ばれるようになります。平安初期に真言宗の中心寺院となったのは、京都の東寺だったからです。金剛峯寺が総本山となったのは、平安中期以降です。台密が完成したことで、台密と東密が仏教の教えである「法」をきちんと揃《そろ》えて動き出します。平安時代の仏教は、密教体制でした。

歴史学者の黒田《くろだ》俊雄《としお》先生は一九七〇年代、中世の仏教を論じる際に「顕密体制」を提唱されました。顕密とは天台宗の顕教と真言宗の密教という意味です。黒田先生の主張は、中世の仏教は「鎌倉新仏教」と総称される鎌倉時代に登場した六つの宗派の仏教に重きが置かれていて、教科書にも中世の仏教といえば鎌倉新仏教だと書いてあるけれども、鎌倉新仏教の開祖となった法然、親鸞、道元、栄西、日蓮は、みんな比叡山延暦寺で修行している。基本になっているのは天台宗、真言宗で、そこから派生したおまけみたいなものが鎌倉新仏教で、天台宗と真言宗があくまでも中心になっていると主張しています。天台宗、真言宗のお坊さんは、最終的には天皇によって任命されます。天皇が宗教をコントロールする体制もできているのだから、中世の仏教は「顕密体制」というべきだ、と。

日蓮は比叡山延暦寺で勉強したことがないかもしれませんが、天台宗系のお寺で修行をしていたので、天台宗の教義をしっかりと身につけていました。それはさておいて、顕教はあまり人気がなかったので、台密と東密を併せた「密密体制」、いやこのネーミングはセンスが悪いから「密教体制」というべきではないでしょうか。ふたつの密教が中世の仏教を引っ張っていった、というふうに考えるべきだと思います。

俗界の身分が聖界でも維持される

宗教の世界を聖界、一般社会を俗界といったりもします。発心によって仏道に入り、俗界を否定するのが仏教本来のあるべき姿なので、俗界の地位を捨て去るのが仏道に入る前提になるはずです。ところが聖界における人間関係をみてみると、非常に面白いことがわかります。そこで極めて大事にされているのは、俗界での上下関係です。俗界の身分秩序がそのままパラレルに、聖界へ流れ込んでいるんです。だから俗界で身分が高い人は、聖界でも偉い。

聖界の一番トップに就くのは、法親王と称される皇族の出身者です。法親王を支えるのは上級貴族出身のお坊さん、その下には下級貴族出身のお坊さん。さらにその下には武家出身のお坊さんがいる。武家出身のお坊さんは源義経に従った武蔵坊弁慶のように、僧兵と呼ばれる戦の担い手にもなって、なぎなたを振り回したりして、俗界にいたときと同じことをしている。そして一番下には、日常生活の雑事を担当する農民出身のお坊さんがいました。

一四世紀から一六世紀頃のルネサンスと呼ばれた時代のイタリアでも、同じようなことが起きています。この頃のイタリアでは、レオナルド・ダ・ヴィンチやミケランジェロといった錚々《そうそう》たる芸術家が活躍し、そのパトロンとなったのがメディチ家です。メディチ家はフィレンツェという都市を支配した一族で、ローマ教皇をふたり出しています。ローマ教皇はキリスト教のトップですから、俗界の支配が聖界にまで及ぶ事態は、洋の東西を問わなかったようです。

ただ日本の場合は、俗界の身分秩序が聖界でも非常に強く維持され続けるのが特徴です。要するに世襲みたいなもので、どんなに一生懸命修行しても、家格が低い人は偉くなれないんです。偉いお坊さんたちは、みんな俗界のボンボンです。大学の三、四年生の頃、偉いお坊さんがどういう家の出身かを調べたのですが、ふと疑問を抱きました。聖界に俗界の身分秩序が反映されてはいるものの、上にいるお坊さんは、それなりの学識を求められるのではないか。なぎなたを振り回す僧兵は、お経を読めなくてもいいかもしれませんが、上にいるお坊さんはお経を読めるだけでなく、内容をきちんと理解して講義もできて当然でしょう。でも、身分の高い人が必ずしも才能があるとは限りません。それなのに聖界で身分秩序が保てたのはどうしてなのか、よく保てたなというのが率直な感想でした。

もし先生が自分よりとんでもなく無能だったら、なんでこんな人に勉強を教わらなきゃいけないのかと思うでしょう。先生としては尊敬できませんよね。それと同じで、上のお坊さんがお経の内容をわかっていなかったら呪文と同じですから、その下のお坊さんはこの人はトップとしてどうなんだろうか、と疑問に思ったのではないでしょうか。

それで僕なりに考えた結果、「教相」と「事相」の相違に思いが至りました。密教には教相と事相という区分があって、教相は経典の解釈をすることで、これは相当の学識がないとできないし、それを成し遂げるのは並大抵のことではありません。一方、事相はいってみれば儀式、セレモニー担当です。

教相と事相のどっちが大切だったかといえば、事相のほうでした。学問の奥義や技芸の秘伝を自分の子供のうちひとりだけに伝え、他の人には秘密にすることを「一子相伝」といいますが、事相も自分の後を継ぐ弟子にだけ伝える一子相伝方式で（但し弟子の何人かに伝えるので、一子ではないのですが）、門外不出とされていました。戦乱があった場合はAの法会をやって、飢餓が起きたらBの法会にするという感じで、代々伝えられていったんです。セレモニーがトップの一番大事な仕事だったので、お経の意味なんかわからなくてもいいわけです。

鎌倉時代の真言宗のお坊さん親快《しんかい》は、『幸心抄《こうしんしょう》』にこう書いています。「真言八祖」の肖像画を掲げて仏像を安置し、護摩をする法会、つまりセレモニーの際、自分が壇上から降りるときに肖像画に向かって頭を下げる回数は、うちの寺のやり方は三回だから、よく覚えておきなさい、ほかのお寺に教えてはいけませんよ、自分の後継者となる弟子だけに教えなさい、と。これなら、勉強熱心でなくてもできます。

真言八祖はインドで生まれた密教が、中国を経て日本に伝わり、真言宗となるまでに関わった八人の祖師のことです。祖師は宗派を開いた人のことで、一番最初がナーガールジュナ、中国名は龍猛、リュウモウあるいはリュウミョウと読みます。八人目は空海で、空海こそがナーガールジュナから始まる密教の正統な後継者であるといいたいわけです。

教相で真言八祖を取り上げると、どうなるかといえば、ナーガールジュナの教えがどうだったのか。その教えが空海にまで至ったとき、どう変容していったのか。空海の師である中国のお坊さんの恵果《けいか》和尚《わじょう》と、ナーガールジュナの教えが違っている場合、空海はどちらを取ったのか。そういうことを真面目に考えるわけです。和尚は師となる僧という意味です。

けれども、そういう学術的なことを考えるより、頭を下げるのは一回か三回かという問題のほうが大切なわけです。そうなると才能は必要ないので、俗界の身分秩序を聖界に持ち込んでも、なんの問題もない。結局、聖界も俗界の身分による地位の継承が重視され、才能はどうでもいいんです。教相は才能がないとできないけど、事相に才能はいらない、その代わり俗界での身分が高くなければできない。つまり教相と事相は、そのまま才能と世襲と読み替えることができる。教相の地位は、事相に比べると低い。そういう考え方の日本では、仏教哲学は生まれようがないのです。

やさしい仏教が庶民に広まる

鎌倉新仏教の祖師と宗派は、法然の浄土宗、親鸞の浄土真宗、一遍の時宗、日蓮の日蓮宗、栄西の臨済宗、道元の曹洞宗です。このうち浄土宗、浄土真宗、時宗は浄土系、臨済宗と曹洞宗は禅宗というカテゴリーに分類されます。

比叡山延暦寺で学んでいた法然は、智慧第一の法然房と称されるほど才能抜群のお坊さんでした。しかし武士の子だったので、どんなに優秀でも絶対に上にはいけなかったんです。学問の研鑽《けんさん》に没頭するタイプでしたから、法然に偉くなりたいという出世欲は、なかったと思います。お経を保管する経蔵に籠って、片っ端からお経を読んでいたのではないでしょうか。

そんなときに法然が出会ったのが、『浄土三部経』というお経で、法然はこれだ！と思うわけです。浄土は仏たちが住む世界の名称で、『浄土三部経』は法蔵菩薩《ほうぞうぼさつ》が阿弥陀仏になるまでの物語です。菩薩は悟りを開く修行をしている人、仏は如来ともいわれ、悟りを開いた人を指し、仏には阿弥陀仏の他に、釈迦如来、薬師如来、大日如来などがあります。

お経を読み耽った法然は、「阿弥陀信仰」といわれる阿弥陀仏への信仰こそが、自分にとって大事なもので、「南無阿弥陀仏」と唱えることが、阿弥陀様に近づくための一番の修行になる、という考えに到達します。「南無」は信じ敬うという意味です。それで法然は比叡山を降りて布教活動に入り、浄土宗という新たな宗派の祖師となります。口に出して念仏を唱えることを「口称念仏」といいます。阿弥陀信仰はインドや中国にもありましたが、「南無阿弥陀仏」という口称念仏による修行方法を確立したのは法然です。

天台宗や真言宗は、知性がないとだめだ、修行に耐えるだけの我慢強さがないとだめだ、お金がないとだめだ、というようなことをいっていました。それに対して法然は、阿弥陀仏にすがれば、頭が悪くても平気だ、厳しい修行だと逃げちゃうような心の弱さがあっても平気だ、お金がなくても平気だ、と主張した。「南無阿弥陀仏」と唱えるだけでいいのだ、と。知性も、精神力も、お金もないというのはまさに庶民です。法然はそれまでの宗教が相手にしなかった、庶民に語りかけたんです。

難しい理屈は私に任せておきなさい。頭のいいお坊さんが攻撃してきたら、私がちゃんと対抗する、だから騙されたと思って私の言うこと聞いて、「南無阿弥陀仏」と唱えなさい、というのが法然の教えです。何人かの優秀なお坊さんが、そんな法然の教えに異を唱えて、法然と論争を展開します。その中で極めて重要だと僕が思ったのは、貞慶《じょうけい》という奈良の興福寺のお坊さんとの議論です。貞慶は、阿弥陀仏にすがればいいといっているけど、お釈迦様の立場はどうなるんだ、薬師仏の立場はどうするんだ、阿弥陀仏以外の仏は、こけにしていいってことかって、鋭く詰問しました。

もしこのときに法然が「はい、そうです。私の教えでは、阿弥陀様以外は必要ありません」っていっていたら、日本に一神教が誕生した、まさにその瞬間になったんですが、法然はやはりそこは大人だから、残念ながらそうはいわなかった。私は弟子に阿弥陀仏を大事にしろといっていますが、阿弥陀仏と同じようにお釈迦様や薬師如来様を大事にするように教えています、日頃からそういっております、と返すわけです。興福寺をはじめとする既存の宗派やお寺を誹謗《ひぼう》する気持ちは、毛頭ないことを表したわけです。

そういう厳しい宗教的な試練はありましたが、浄土宗はすくすくと育っていきます。法然を師と仰ぐ親鸞、法然の孫弟子の聖達《しょうたつ》に学んだ一遍といった優れたお坊さんも現れ、親鸞は浄土真宗、一遍は時宗を開きます。浄土真宗や時宗の基本的な教えは、浄土宗と同じです。この時期は祖師に対する信仰が際立っていて、法然や親鸞、一遍自身も信仰されるようになります。だけど、それは個人崇拝ではなく、その後ろにちゃんと仏教思想があるんです。僕は法然たちの姿勢を〝やさしい仏教〟と名付けています。やさしいというのは、人に優しいという意味と、わかりやすいという意味での易しいの両方です。

鎌倉時代になってから、下々の者を救おうとする動きが、ようやく出てきたんです。鎌倉新仏教が、まさに革新的な動きをしたわけです。その背景として、武士が政権を握るという社会変動があります。下々の者が力をつけてきた。武士の次には庶民が一揆《いっき》を結んで社会の動きの中心に座るようになります。一揆はたとえば年貢を安くしてほしいなど、同じ目的を持った人たちによって結ばれた集団のことで、目的を達成するための武装蜂起を意味する場合もあります。そういう社会の変化の中で、初めて仏教にも民百姓の精神的な嘆きに耳を傾けようっていう意識が芽生え、それで鎌倉新仏教が生まれてきた。そういうふうに考えれば、理屈はつくわけです。

源平合戦の影響も、大きかったと思います。多くの人が死んで、自分もうかうかしていたら殺されるかもしれない。そういう状況の中で、なんとか救われたいと思っても、天台宗や真言宗は、庶民の切なる願いに耳を傾けてくれなかった。聖界の身分序列でいくと、庶民はどうあがいても一番下っ端で、救いの対象とはみなされていなかったからです。我々を救ってくれるお坊さまはいないのかというところに、法然が現れたわけです。庶民たちがどうすれば自分は救われるのか、真剣に考えるようになって、それに応える形で出現したのが法然だったと思います。だから「南無阿弥陀仏」はあっという間に広まっていきます。死と隣り合わせだった当時の庶民にとって、救われることはとても大事なことだったんです。

見方を変えれば、外圧がないと日本は変わらないのと同じなんです。地殻変動のように社会が大きくうねって、下にいた武士や庶民がぐーっと上がってくるという変革が起こったことで、それに対応して宗教も大きく変わっていった。社会が変わらないと、宗教も変わらないわけです。鎌倉幕府ができるときは激動期で、そのときには宗教も生きた状態になって、いろいろな変革が加えられたんです。

仏教でも血のつながりが重視される

法然は庶民だけでなく、さらに武士も見据えていました。中世は武士が台頭してくる時代です。それまで権力を握っていた京都に住んでいるごく少数の特権的な貴族を否定して、名もない武士が政権を握ります。そういう武士のサポートに回っていたのは庶民たちで、庶民も武士とともに成長してきたんです。成長すると自我が生まれ、自分はどうすれば救われるのか、といったことも真剣に考えるようになります。

源頼朝に仕え、『平家物語』にも登場する武将の熊谷直実《くまがいなおざね》は、まさにそういう人間だったといえるでしょう。西洋的にいえば、直実は「原罪」を考えていたのだと思います。原罪はキリスト教的概念で、生まれながらにして背負っている罪のことで、法律ではなく宗教的な意味合いでの罪です。武士の存在意義は要するに相手を倒すこと、つまり命を奪うことである。優れた武士というのは、相手の命をたくさん奪った武士ということになる。直実は武士としてのプライドは高かったけれども、自分は原罪を背負っている、そういう感覚があったんだと思います。

直実は法然に面会を求め、初めて会った際、こう尋ねています。私は多くの命を奪ってきたので、普通に考えれば救われることはないと思うけれども、こんな私でも救われるでしょうかと。すると法然は、阿弥陀如来はおまえみたいなどうしようもないやつを救ってくれる仏様なんだよ、だからおまえも安心して「南無阿弥陀仏」と唱えなさい、そうすれば救われると答えます。それを聞いた直実は、私は罪深い人間なので腕の一本、足の一本を切り落としても救われることはないと思っていました。だけど上人様のお言葉を聞いて、私でも救われると知り、涙が止まりません、といって、その場で頭を丸めてお坊さんになった。そういう話が、『法然上人絵伝』に書いてあります。上人は学識、人徳ともに卓越したお坊さんの敬称です。

出家した直実はボディガードのような形で、法然に付き従うようになります。あるとき、法然が円証という方に呼ばれて屋敷に出向くことになり、直実も一緒に行きます。円証は出家する以前は九条兼実《かねざね》という摂政、関白も務めた最高位の貴族で、九条家を創設した人で、曾孫《ひまご》は鎌倉幕府四代将軍になった三寅《みとら》です。ものすごく偉かったわけですが、浄土宗に帰依して出家します。

二人の会話の様子が「法然上人絵伝」に描かれています。法然と円証が話をしている座敷の外の縁側に円証の家来が座り、直実は縁側の外の石段に腰かけています。これは絵画的な配置でそうしたのでなく、身分の違いを表しているんです。身分の低い直実は、縁側にすら座らせてもらえない。それでも二人の話を聞こうと、一生懸命耳をそばだてている。でも聞こえなくて、ついに癇癪《かんしゃく》を起こして叫びます。「哀れ、穢土《えど》ほど悔しきところあらじ。極楽にはかかる差別はあるまじきものを」って。穢土はこの世という意味で、この世ほど悔しいところはない、あの世である極楽にはこんな差別はあるまいっていったんです。

この場面は、日本史において「差別」という言葉が、堂々と使われた最初の事例だと思います。直実は同じ人間なのに、身分が低いというだけの理由で、座敷の近くに行くことを許されず、座敷から遠い石段に座らされたことを差別だと感じて、それに対して激しい怒りを抱いた。

浄土宗の教えは身分は関係ない、「南無阿弥陀仏」と唱えれば、どんな人でも阿弥陀様に救ってもらえるという考え方で、そこには「平等」という感覚があるわけです。その平等を否定するものを差別と呼んで、それは絶対に嫌だという熊谷直実みたいな人間が出てきたわけですよね。浄土宗の教えの中から、そういう考え方が生み出されたというのは、とても大きな意味があると思います。

鎮護国家ではなく、ひとりひとりの人間を対象にする宗教が、鎌倉時代に生まれたんです。真言宗も、梵語《ぼんご》で光明真言を唱えれば救われる、悟りの境地に達せると言い出します。光明は仏の智慧や慈悲の象徴で、真言は真実の言葉という意味ですが、意味がわからず唱えるのでは単なる呪文です。庶民を相手にしていなかった真言宗も、信者を獲得するために口称念仏方式に乗り出さざるを得なかったぐらい、鎌倉新仏教はインパクトが大きかった。既存の宗派も含めて仏教界が一斉にやさしい仏教に変わっていく点が、重要なモニュメントになるのだと思います。

だから中世の仏教を考える際、やはり鎌倉新仏教のほうが、大事ではないかと僕は思います。黒田先生の提唱された顕密体制、実際には密密体制ですけど、これを軸にするのではなく、やさしい仏教である鎌倉新仏教が中心になるべきだと考えています。天台宗や真言宗には、一般庶民を救う方法論がなかったわけですから。それに対して法然が既存の宗派からこぼれてしまった人たちに教えを説いた、ということのほうが意義深いと思います。特権階級しか相手にしないという今までのやり方だと、救うことのできない人たちが大量に出現して、それに対応したのがまさに法然で、そのやり方こそが多くの人から支持されたんです。

一方で日本史の特徴として宗教を考えると、やはり世襲が強烈にある。そのわかりやすい例が浄土真宗です。浄土真宗は、親鸞の血を分けた人が代々トップです。親鸞は妻を娶《めと》り、肉食もしました。それは仏教の戒律を破ることに、積極的な意味があったからだと思います。あえて戒律を破ることで、自分は偉くない、一般の民衆と同じだということを形として示すという、熱い気持ちが親鸞にはあったのでしょう。戒律を破った私のような人間でも、阿弥陀仏は救ってくれるということを示す意味合いがあったわけです。

ところが親鸞の子孫が代々トップを受け継ぐうちに、親鸞の哲学とか精神性はあまり感じられなくなって、結婚して子どもをもうけて特権的な地位を世襲していくという側面が強くなっていきます。仏教が革新的な動きをしたなと思っても、どうも日本は長続きしない。やはり世襲が一番、そのほうが争いがなくていい、ということになるんでしょう。社会が安定期に入って宗教も安定してくると、待ってましたとばかりに世襲が顔を出して、穏やかな世界がやってくるんです。

そもそも日本の仏教は、本来の仏教の教えから逸脱していることが多々あります。その最たる例が輪廻転生《りんねてんしょう》です。本来の仏教では魂は不滅とされ、この世に何度でも生まれ変わってくる、という輪廻転生といわれる考え方をします。だけど仏教が中国に伝わると、先祖崇拝という要素が仏教に入ってきます。中国で盛んだった儒教は、先祖を敬い祀《まつ》っていたので、仏教にもその考えが取り入れられたんです。日本も先祖崇拝が非常に強かったので、中国の先祖を崇拝する仏教が違和感なく受け入れられた。だから中国や日本の仏教では、先祖は輪廻転生しないでお墓の中にいるわけです。仏教においても、血のつながりや家の繁栄といったものが大事にされるという、日本人の特質が表れているともいえるでしょう。

日蓮宗と禅宗も学問の必要ないやさしい仏教

日蓮は天台宗を学び、その根幹となっている経典『法華経《ほけきょう》』、正式名称は『妙法蓮華経《みょうほうれんげきょう》』といいますが、これをよく学んで真の姿の天台宗に戻さないといけないと主張します。別に日蓮宗をつくろうと思ったわけではないんです。『法華経』には、誰もが平等に成仏できると書いてあるのに、天台宗はそうなっていないと反発したんです。

だから日蓮は、自分を安房《あわ》(千葉県)の漁民の子とか、旃陀羅《せんだら》の子だといったんです。旃陀羅は中世の頃に使われた被差別民に対する呼称です。自分は庶民である、あるいは差別されている側の人間であるとすることで、仏の前ではそういう身分の自分も含めて、みな平等に成仏できると説き、「南無妙法蓮華経」と唱えることで救われると主張しました。この教えが日蓮宗と呼ばれるようになったのです。日蓮宗も、やさしい仏教なんです。千葉県鴨川市《かもがわ》には、日蓮が生まれたとされる「誕生寺」というお寺があります。しかし最近の研究では、日蓮は伊豆《いず》、現在の静岡県伊東市に生まれた御家人の子で、北条氏と戦って負けた武士たちが日蓮の庇護者《ひごしゃ》になった、という説が出てきています。

鎌倉時代は浄土系、日蓮宗に加えて、禅宗も登場します。教科書では、武士は厳しい修行を伴う禅宗が好みであった、だから武士の宗派として、禅宗が選ばれたというような書き方がしばしばされました。けれど僕は、違うと思います。禅宗もやはり、やさしい仏教です。なぜかといえば、座って、メディテーション、つまり瞑想《めいそう》をするのが悟りへの方法だからです。ただひたすら座っているのだから、お金はかからない、学問も必要ない。だから禅宗も、やさしい宗教の一環としてとらえるべきだと思っています。

禅宗はもっと時代が下って、室町時代に最盛期を迎えます。その裏では、人事権を巡る朝廷と武家政権のつば競り合いもありました。

天台宗、真言宗は、天皇が人事権を握っていたので、どれだけ高位につけるかは天皇のさじ加減で決まっていました。

一方、禅宗の人事権を握っていたのは将軍です。誰をどこの寺の住職にするのかは、将軍の文書で任命され、天皇は関与できませんでした。禅宗が隆盛してくると、天皇も手を出したがりましたが、天皇にできたのは、夢窓国師といった「国師」の尊称を贈ることぐらいでした。江戸時代には、天皇が最も高貴とされる紫の衣の着用を禅宗のお坊さんに許すようなことも出てきますが、そういうことでしか、天皇は禅宗に介入できませんでした。

禅宗で興味深いのは、「十方住持制」という今までの日本の仏教にはない試みをしたことです。十方というのはいろいろな方角、住持というのは住職という意味で、簡単にいえば住職の転勤制度です。各宗派には寺格という寺の格付けがあって、たとえば臨済宗では上から「五山、十刹、諸山」となっていました。五山には鎌倉五山と京都五山があって、各五つずつ一〇のお寺があります。十刹も一〇のお寺があって、諸山は五山、十刹以外の全国各地にあるお寺を指します。諸山で修行して認められれば、諸山の住職に、次は十刹、さらには五山の住職となりますが、この間に日本各地を転勤させられるんです。転勤を重ねながら偉くなっていくわけです。

もちろん上に行けるのは優秀な人だけですから、「才能」がないと五山の住職にはなれませんでした。禅宗は世襲ではなく、才能による競争があったんです。だけど「度弟《つち》院《えん》制度」という徒弟制度ができて、十方住持が否定されてしまいます。寺格の高い大きな寺には、塔頭《たっちゅう》と呼ばれる小さなお寺がいくつもあって、そこにも住職がいて、死後はその塔頭で祀られるぐらい偉いわけです。その塔頭の住職が周囲を自分の弟子で固め、直弟子以外はかかわれないようにして、直弟子が代々住職を受け継ぐのが度弟院制度で、世襲みたいなものです。

度弟院制度を始めたのは、夢窓疎石の実の甥《おい》である春屋妙葩《しゅんおくみょうは》という僧侶です。夢窓疎石は京都五山の第一位とされてきた天龍寺などを開き、国師の号を七つも贈られた超エリートです。春屋妙葩も京都五山の第二位とされてきた相国寺を実質的に開いて、五山十刹制度をつくったエリートでしたが、禅宗を世俗化させた春屋妙葩をどうしても許せなかったのが一休宗純です。一休は風狂といわれる、あえて戒律を破る生き方をすることで反発を示しました。

日本には、宗教の厳しさがどうしても根付かない。すぐに甘いほうへ、安易なほうへ、楽なほうへと流れていく。一生懸命勉強して突き詰めるという態度が足りない、そういうことがあまり得意ではないのかもしれません。今の仏教界は、まさにそういう仏教の歴史を受け継いでいるともいえます。

お坊さんが民衆を救うために断食をして、お経を唱えながらミイラになったといわれる即身仏が今も残っていますが、そういう高い精神性は持っているけれど、知性を持っているかというと、なかなかそれがない。知性というものに対する尊敬とか敬意が、日本はどうも足りないような気がします。知性で世を渡っていこうとすると、もう苦しいことばかりです。

宣教師は一向宗を敵認定

戦国時代にはキリスト教が伝来して、宣教師たちが日本で布教活動を始めます。宣教師はキリスト教を広めるために、教会から諸外国へ派遣された司祭（神父）など聖職者の呼称です。日本ではキリスト教やその教え、信者などは「キリシタン」と総称されました。

織田信長は、キリスト教に対して寛大でした。ですが、これはあくまでも僕の仮説ですが、もし信長が長生きをしていたら、キリスト教を禁じていたと思います。信長は神に忠節を尽くすキリスト教に、一向宗の影をみるようになったと考えられるからです。一向宗は浄土真宗の当時の別称で、戦国大名に匹敵するほどの勢力を持つようになって一揆を繰り広げ、それは「一向一揆」と呼ばれました。信長は一向宗の本山だった大坂の石山本願寺と、一一年にわたって戦います。

一向宗の教えはキリスト教に極めて近く、一神教的なんです。「南無阿弥陀仏」と唱えれば阿弥陀様のところへ行ける、阿弥陀様は必ず救ってくださるとされています。一方のキリスト教は、善行を積めば神様のところへ行けるという教えです。キリスト教世界には王という俗界の権力者も含まれていたので、神のものは神へ、王のものは王へ、という棲《す》み分けをしていました。神学といわれるキリスト教の教えを体系化した学問の知恵が、昔からあったんです。

一向宗に手を焼いた信長は、キリスト教が勢力を拡大して、一向宗のようになることを懸念したと思います。

戦国時代には、キリシタン大名も続出します。大村純忠はキリスト教徒になった日本で最初の大名で、長崎港を開港して南蛮貿易を始めて、教会に長崎を寄進してしまいます。最も強かったときには九州九か国のうち六か国を支配していた大友宗麟《おおともそうりん》、名軍師と謳《うた》われた黒田官兵衛《くろだかんべえ》、茶道に通じた茶人としても知られる高山右近などもキリシタン大名です。もしこうしたキリシタン大名たちが、純忠のように領地を教会に寄進したら、天下人は統治しにくくなりますよね。

そういうこともあって、当初、キリスト教を容認していた豊臣秀吉も、次第に禁止の方向へいって、一五八七年に「バテレン追放令」を出しました。バテレンは司祭のことで、国外退去を命じた。さらに秀吉は一五九六年にも禁教令を出します。そして江戸時代になると完全にキリスト教は禁止されます。日本でキリスト教が禁止されたのは、社会のトップに立つ将軍ではなく神に忠誠心が向くと、厄介なことになると考えたからでしょう。

キリシタン大名の中には、高山右近のように、禁止後も信仰を捨てずマニラ（フィリピン）に追放され、そこで亡くなった信心深い人もいましたが、キリスト教徒になれば南蛮貿易ができることに魅力を感じた人もいたと思います。たとえば大友宗麟は調べれば調べるほど、特にたいした能力はない。家臣団はすごく優秀ですが、彼自身はさして有能なわけではない。それなのに、なぜ九州六か国を支配できたかといえば、南蛮貿易がもたらす莫大な利益が大友氏の屋台骨を支えていたからではないでしょうか。

宣教師は派遣元の教会にレポートを送っていて、その中で一番許してならない宗教は「禅宗」だと書いています。禅宗の教えは「無」である。「無」というのはニヒリズム、つまりすべての価値や権威を否定する虚無主義で、悪魔の教えだと述べているんです。これは誤解で、禅宗の「無」は、「ない」という意味でありません。否定する行為自体を「無」といって、固定観念を否定して考えてみなさい、というのが禅宗の教えです。ただ否定するだけで、なにもないというのとは違います。

僕はドイツの哲学者・ヘーゲルの弁証法、「正・反・合」に近い考え方だと思っています。正・反・合は、ある判断（正）とそれとは矛盾する判断（反）をぶつけ、その対立を止揚した次元の高い判断（合）に至る、という意味です。ヘーゲルは一八〜一九世紀の人ですから、禅宗はヘーゲルより何百年も前に、そういった考え方に到達していたわけです。だけど当時の宣教師は、そういう考えを理解できなかった。

そして、一向宗については、我々の一番のライバルだと評価しながら敵認定しています。要するに、天国に極めて近い極楽浄土というものを設定して、天国に神がいるように、極楽浄土には阿弥陀がいることになっていると。似ているがゆえに一向宗からキリスト教へ宗旨替えする必要性をあまり感じてもらえなかったのかもしれません。

キリスト教のほうが庶民に寄り添っている

仏教とキリスト教を比べると、名もなき民の救われたいという願いに、どれだけ耳を傾けたかという点では、キリスト教のほうが優勢かなと思います。一二七四年にキリスト教の宗教者がフランスのリヨンという都市に集まって、二回目となるリヨン公会議を開きます。この会議で、七つのサクラメントが決められます。サクラメントは秘跡という意味で、神の恩恵を信者に与えるとされる儀式のことです。

そのサクラメントのひとつが「告解《こっかい》（懺悔）」です。告解は教会内にある小さな部屋で行われます。部屋の中は、小窓のついた壁やカーテンなどで、仕切られていたりします。

その仕切りを挟んで司祭と信者が向き合い、信者が自分の犯した罪を告白する。告白の内容は、嘘をついたとか、盗みをしたとかいろいろです。そうすると司祭が「キリストと神の名のもとに、あなたの罪を許しましょう。だけど罰としてあなたは二週間、教会の掃除をしなさい」あるいは「教会にこれだけの寄付をしなさい」などという。あんまりひどい場合は、とてもじゃないけど許せません、といったかもしれませんが、基本的には許します。

司祭とそれより下位の聖職者との違いは、告解に立ち会えるか否かです。告解で信者の話を聞いて、どれぐらいの罰を科せば、この人はちゃんと立ち直れるのかを考えられることが、司祭になれるかどうかの決め手になるわけです。ヨーロッパの古い都市は、街の中心地にまず市庁舎ができて、それから教会、マルクト広場ができます。マルクトは市場という意味で、広場には市《いち》が立っていたんです。街は日常生活に不可欠なこの三つの施設が中心になってできていて、住民は教会に行くのが当たり前で、罪を告白することが日常的に行われていました。

信者の秘密を知り得る立場の司祭には守秘義務がありましたが、なかには堕落した司祭もいたようです。一四世紀のイタリア社会を描いた傑作といわれる小説『デカメロン』には、告解で知った秘密をゆすりたかりの材料にして、悪事を働く司祭がしばしば登場します。そういうこともあって、一六世紀には教会の腐敗を糾弾する「宗教改革」という運動が起こって、キリスト教はカトリックとプロテスタントの二派に分かれることになります。戦国時代に日本へ伝来したのは、カトリックのほうです。

プロテスタントはカトリックをこう批判しました。神と人間はダイレクトにつながっているのに、神と自分の間に宗教者がいるのはおかしいじゃないか。だから教会が腐敗したり、宗教者が堕落したりするんだ、と。いわれてみれば確かにそうなんですが、でもやはり司祭に懺悔《ざんげ》して、罪を許してもらうと安心する、気持ちが楽になる、という人は大勢いたのだと思います。告解を否定したプロテスタントも、カトリックの司祭にあたる牧師に罪の告白をするのは、個人の自由ってことにしましたからね。

それに対して少なくとも日本の仏教には、民百姓の嘆きの声、救いを求める声を拾い上げる制度がない。懺悔という言葉は元々仏教用語です。罪を悔いて許しを請うという考え方は仏教にもあります。でも、懺悔はお坊さんがするものなのです。夏季に「夏安《げあん》居《ご》」という修行の会が催され、部屋に籠って勉強会をした後、最後に懺悔をします。懺悔するお坊さんの話を聞いて、自分はどうなんだろうと自問して学ぶ、というお坊さん同士のやりとりです。だから一般民衆は、まったく関係ない。

そもそも日本の仏教には、民百姓の嘆きをなんとかしなきゃいけない、という問題意識がなかったんです。問題意識自体を持っていないのと、堕落や腐敗があったとしても持っていたのとでは、だいぶ違うと思います。そういうことを考えると、僕はキリスト教のほうが仏教より庶民に寄り添ってきたのかなという気がします。

お経はなぜ翻訳されなかったのか

日本の仏教には、そもそも大きな欠点があると思います。それは、お経を翻訳していないことです。お経はすべて漢字で書いてあります。仏教はインドで生まれた宗教なので、オリジナルのお経はサンスクリット語、日本では梵字といわれる古代インドの文字で書いてあります。それを漢字に翻訳したのは、中国の僧侶たちです。唐の時代に三蔵法師と尊称される玄奘《げんじょう》をはじめとするお坊さんたちが、インドに渡って命懸けで経典を運んできました。

中国はその貴重な経典を国家事業として翻訳し、これが『大蔵経《だいぞうきょう》』と呼ばれる仏教の経典を総集したものになるわけです。日本に入ってきたのはこの『大蔵経』なので、お経は漢字で書かれています。だから、漢文を日本語の文章の順番にして読む〝読み下し〟が普通にできるし、日本語訳することもできるはずなんです。でも、翻訳した人は誰もいないんです。これが本当に不思議です。中国では国家事業として、ちゃんと自分の国の言葉である漢字に訳しているのに、日本ではその努力を誰もしていない。

昔の日本のお坊さんはトップエリートの知識人で、漢文を読みこなす力が大変に高く、中国語を話せる人も多かったので、日本語に翻訳する必要がなかったということはあるでしょう。また平仮名は女性が使う文字とされ、男性は漢字を使うことになっていたことも影響したと思います。貴族の日記も、男性の場合は中国の漢文に倣って、漢字で書いていますからね。

ところが平安時代の中頃になると、貴族が使う漢文は中国の漢文とはまったく違うものになります。日本語を基とした、〝和風漢文〟に変わってしまうんです。中国の古典よりはるかに読みやすく、易しいので、お経をわかりやすく教えようという意図があれば、和風漢文にすることもできたはずですが、そういう努力も一切やっていない。

日本には、法事という仏教の儀式があります。亡くなった人を供養するのが目的で、行う時期によって一周忌、三回忌などといわれます。法事では、お坊さんがお経をあげてくれて、そのあとに説法をします。説法は、仏教の教えを説き聞かせることです。その説法のときに「今、ご住職があげてくださったお経には、どういうことが書いてあるのですか」と質問したら、勉強熱心なお坊さんはちゃんと教えてくれます。ところが、内容を理解していないから説明できないお坊さんもいます。意味もわからずにお経を唱えるのは、単なる呪文なんじゃないでしょうか。お経が呪文だとすると、このお坊さんはいったい何をやっていらっしゃるのかなって、つい思ってしまいます。

今のお坊さんに、漢文で意思の疎通が図れるほどの学力は多分ありません。漢文で書いてあるお経を読み下し文にして、お経に何が書いてあるかをきちんと説明できるお坊さんも多くないでしょう。お経の意味を説明できないお坊さんは、古文書が読めない歴史研究者と変わりませんよね。古文書を読めて、初めて歴史研究者だし、料理ができて、初めて料理人です。お経に何が書いてあるのかがわからないお坊さんは、何でしょうか？

なぜ「廃仏毀釈」が起きたのか

お寺の息子でもあるジャーナリストの鵜飼秀徳《うかいひでのり》さんは『仏教抹殺――なぜ明治維新は寺院を破壊したのか』（文春新書）で、明治時代に庶民が寺院を破壊した「廃仏毀釈《はいぶつきしゃく》」について詳しくルポしています。廃仏は仏を廃する、毀釈は釈迦の教えを毀《こわ》すという意味です。日本では江戸時代まで「神仏習合」といって、日本古来の宗教である神道と仏教が共存共栄していました。神社とお寺が同じ敷地内にあることも多かった。でも明治元（一八六八）年に「神仏分離令」が発せられて、神社とお寺を分ける、神と仏を別々にすることになりました。

明治政府は、積極的に仏教を弾圧したわけではありません。神と仏は本来別のものだから、別々の道を歩むことにしましょう、といったに過ぎない。神仏分離令をきっかけに、仏教を攻撃しましょうといい出したのは庶民の側で、寺院の破壊を始めました。さすがにお坊さんを虐殺した事例はありませんが、仏像や仏具などを壊し、経典を焼いたりしました。国宝や重要文化財（重文）に指定されていたはずの貴重な仏教の文化財が失われ、その数は現在、国宝、重文となっている仏教文化財の二倍といわれています。

なぜ誰も命令していないのに、庶民が自主的に仏教を攻めたてたのでしょうか。僕は中国で一九六六年から約一〇年間繰り広げられた「文化大革命」のときの民衆心理と同じだったのではないかと思います。文化大革命は社会の身分秩序を変えようとする社会運動で、担い手になったのは庶民、攻撃の対象とされたのは知識人やお金持ちといったエリートです。人間の一番醜い部分、妬《ねた》みとか嫉《そね》みの標的にされたのだと思います。

江戸時代まで、漢字が書けて読むことができるお坊さんは、共同体においてエリートでした。それなら尊敬される対象になってもいいはずですが、偉そうにしていい思いをしている、と反感を買っていたのではないでしょうか。人はなにかきっかけがあれば、快く思っていない人を引きずり降ろそうとして、もの凄い負のエネルギーを発揮することがあります。神仏分離令はきっかけで、廃仏毀釈は引きずり降ろそうとする妬みのエネルギーが発揮された結果、と考えられるのではないでしょうか。

廃仏毀釈が起きたときの庶民とお坊さんの関係を考える際、参考になるのが良寛です。良寛は江戸時代後期、越後国《えちごのくに》（新潟県）の豪農の家に生まれた跡取り息子でしたが、家督を弟に譲って出家します。厳しい修行に明け暮れ、全国を巡っていたことが確認されています。そうした後に、自分のふるさとの越後に帰ってきます。

もちろん生家には戻らず、五合庵《ごごうあん》と呼ばれた非常に質素な庵を結んで、書に親しみ、和歌や漢詩を詠みながら、仏に仕えるという生活を始めました。援助を申し出る人もいましたが、金銭的な援助はすべて断り、托鉢《たくはつ》で恵んでもらったものを食べ、自分を慕う子供たちと遊ぶ、そういう暮らしをしていました。良寛の書は江戸で評判を呼ぶほど素晴らしく、今でも非常に高く評価されて重文になっているものもあります。けれども名声に驕《おご》ることもなく、子供や農民に書を求められれば、気軽に応じるような人でした。

もし良寛が、神仏分離令が発せられたときに生きていたら、庶民は五合庵を壊したでしょうか。そんなことはしなかったと思います。政府が壊しなさいといっても、庶民が盾になって良寛を守ったでしょう。すべてのお坊さんが良寛のように、欲を捨て仏に仕え、地域の人たちに優しく接していたら、廃仏毀釈は起こらなかったかもしれません。

天皇は伊勢神宮を参拝していなかった?

日本固有の宗教である神道は、日本人の精神世界の骨格であるというような理解があります。天皇は神道と密接な結びつきを持っていて、神道のトップは天皇で、天皇は二〇〇〇年以上、日本の国民のために祈ってきた存在である、というようなことがしばしばいわれます。また、天皇家と天皇家の祖先を祀る伊勢《いせ》神宮(三重県)は、切っても切れない関係にあるというような言説もあります。

だけど日本の歴史を辿《たど》ると、それはちょっと違うのではないかなということが出てきます。一例として挙げれば、持統《じとう》天皇が参拝した後、明治天皇が参拝するまでの約一二〇〇年間、天皇が伊勢神宮を参拝したという記録がないんです。その間、天皇が神社を参拝する習慣がなくなっていたのなら当然ですが、そういうわけではないようです。

上皇は「院」とも呼ばれ、上皇が実権を握った平安時代後期は「院政期」といわれて、上皇が一番贅沢《ぜいたく》な生活をできた時代です。この院政期の上皇には、白河、鳥羽、後白河と院政を行った上皇が三人いますが、三人ともに毎年のように熊野《くまの》(和歌山県、三重県)に行っているんです。熊野は古代から聖地とされ、熊野三山と呼ばれる本宮、新宮、那《な》智《ち》にはそれぞれ神社があってここに参拝しているんです。熊野から伊勢神宮まではさほど遠くないいんですが、一度も行っていない。そうすると、伊勢神宮は天皇や上皇にとって、参拝の対象ではなかったということになります。

伊勢神宮には三種の神器の中で一番格の高い八咫鏡《やたのかがみ》が祀られていて、宮中に置かれている鏡は、そのレプリカであるという位置づけになっていますが、これも疑いを持たざるを得ません。なぜかといえば、伊勢神宮の八咫鏡に関する記述が、どの古文書にも見当たらないからです。南北朝時代の一三五一年には、南朝勢力が三種の神器を京都から吉野（奈良県）に持ち去るという一大事が起きますが、このときの記述にもないんです。伊勢神宮に本当の八咫鏡が祀られていたのなら、なんらかの言及があってしかるべきなのですが。

当時の感覚では、三種の神器に守られた形で即位をした天皇が真の天皇であるとされていました。逆にいえば、天皇が即位するためには、三種の神器がないとだめだという考え方があったわけですが、北朝の後光厳《ごこうごん》天皇が即位する際には、三種の神器は京都にありませんでした。それでどうしたかといえば、京都の醍醐《だいごじ》寺の三宝院の賢俊という高僧が、古戦場で八咫鏡を保管していた小唐櫃《こからびつ》を見つけてくるんです。小唐櫃は文書とかを収納する脚の付いた中国風の箱のことで、『平治物語絵巻』にその小唐櫃が描かれていて、けっこう大きいんです。二人の大人がやっと持ち上げられるぐらいの大きさで、朱が塗ってありました。それでその小唐櫃を三種の神器に見立てて、後光厳天皇の即位を強行しました。ということは、伊勢神宮に本物の八咫鏡があったかどうかは別にして、少なくとも伊勢神宮の八咫鏡は、忘れ去られていたということになりますよね。

さらにいうと、戦国時代に伊勢神宮は、目も当てられないぐらい荒廃してしまいます。このときも伊勢神宮に本物の八咫鏡があることに、朝廷も神官も、誰も言及していないんですよ。そういった史実を踏まえると、伊勢神宮に本物の八咫鏡があったというのは、かなり無理があるように思えます。

荒廃した伊勢神宮は、織田信長、豊臣秀吉、徳川家康といった天下人たちがスポンサーになって復活します。伊勢神宮には天照大神《あまてらすおおみかみ》を祀る内宮と、天照大神の食事を司る豊《とよう》受大神《けのおおかみ》を祀る外宮があって、荒廃する以前は時期をずらして、それぞれ二〇年に一度建て替える遷宮をしていました。でも、どちらも荒れ果ててしまったので、復活後は二〇年周期で同時に、遷宮を行うようになります。

朝廷は伊勢神宮を大事にする気がなかったのかといえば、そんなことはありませんでした。鎌倉時代の中後期になると、朝廷が性格を変えていきます。それまでは統治に対して受動的でしたが、能動的になって政治や裁判をきちんとやりましょう、というふうに統治者として進化し成長していきます。そのときに重要な役所となったのが、復興された「記録所」です。正式名称は「記録荘園券契所」といいます。

記録所では、下級貴族から優秀な人材が一〇人前後抜擢《ばってき》されて官僚的な役人となり、政治や裁判について審議して、天皇の諮問に意見を述べました。天皇が下級官人の見解を聴き始めたんです。ところが上皇になると記録所ではなく、「文殿」にこれら下級官人が集められるようになります。文殿は「ふどの」と呼んだらしく、今でいえば図書館です。上皇になってからも統治を担う場合は場所を移して、下級官人の意見を聴いていました。

右のことはすでに知られていましたが、僕が見つけてきた事実があります。子細に調べてみたら、上皇が統治しているときも、文殿ではなく本来の記録所で意見を集約することがあったんです。それはどういうときかといえば、伊勢神宮に関する事項を扱う場合だけ、だったのです。このときは必ず、記録所が審議をしていました。だから伊勢神宮は、朝廷にとって特別、一番大事だという意識はあったようです。でもだからといって、天皇や上皇が伊勢神宮に必ず参拝していたかといったら、それは違うということです。

「国家神道」が確立したのは明治時代

今のように伊勢神宮が日本人の心のふるさとだとか、日本人の心のよりどころだといわれるようになったのは、明治時代以降だと思います。明治政府は伊勢神宮を頂点にした神道世界を再構築して、「国家神道」といわれる国の宗教に作り直します。それはなぜかというと、西洋が発展した要因のひとつとして、キリスト教を意識していたからでしょう。国民がひとつの宗教を信仰することが、国家の発展に欠かせないと考え、仏教は外来宗教なので、日本古来の神道が選ばれたのだと思います。

それで一般の人が先祖の墓参りをするように、天照大神の子孫である天皇も、伊勢神宮を参拝しなくてはいけないということになって、明治天皇が持統天皇以来途絶えていた、伊勢神宮の参拝を果たすことになったのでしょう。そこには、伊勢神宮の権威をもう一回確立する、という明治政府の狙いがあったと考えられます。

伊勢神宮が国家神道の中核とされたのは、天皇の祖先を祀る神社であるというだけでなく、江戸時代中期以降に「お伊勢参り」が大ブームになって、庶民に人気があったことも影響していたと思います。お伊勢参りは伊勢神宮に参拝することですが、旅行を楽しむというレジャー的要素が強かったようです。伊勢神宮の内宮と外宮は場所が離れていて、その間には最盛期に一〇〇〇人もの遊女がいたという古市遊郭がありました。その遊郭目当てにお伊勢参りに行く、という罰当たりな話も残っています。

旅人はまず外宮に参拝して、それから内宮へ行くのが順路でした。格は外宮の豊受大神より、天皇の祖先である天照大神を祀る内宮のほうが高いのですが、お賽銭は外宮のほうが圧倒的に多くて金持ちだった。なぜそうなったかというと、外宮を参拝した後、遊郭でドンチャン騒ぎをして散財してしまうので、内宮に参拝するときは懐が寂しくなって、お賽銭《さいせん》をケチったから、という話が伝わります。

江戸時代の旅行は基本的に徒歩でしたから、体の弱い人や病気などでお伊勢参りに行きたくても行けない人は、自分の代わりに飼い犬を代参犬として、お伊勢参りに旅立たせることもありました。歌川広重の浮世絵「東海道五十三次」の四日市には、その代参犬に旅人が餌をやるほのぼのとした光景が描かれています。

代参犬は首に注連縄《しめなわ》を締めて、飼い主の名前や住所を書いた袋に、餌代やお神札《ふだ》の代金となる初穂料を入れていました。その姿から一目で代参犬と分かるので、一緒に連れて歩く旅人もいましたし、宿屋も面倒をみたりしました。でも、やはり犬ですからね。多分、ほとんどの代参犬は途中でどこかに行っちゃったと思いますが、中には偉い犬もいたらしく、ちゃんとお神札をもらって帰ってきたという伝承があります。

お伊勢参りが盛んだった頃も含めれば、この二〇〇年間ぐらいは、伊勢神宮が別格な存在だったといえるでしょう。しかし、歴史を振り返れば、明治維新を機に再定義されて、位置付けし直され、国家神道の頂点に君臨する神社になったと考えるべきだと思います。

現在、伊勢神宮には賽銭箱がありません。神宮にお金を納めるべきは天皇とか国家とか特別な存在だけだという理由だそうですが、江戸時代のお伊勢参りや代参犬のエピソードと比べると随分敷居が高くなったなあ、と感じます。まあ、それはともかく、国家神道が確立されたことによって、天皇家の祭祀《さいし》には仏教的要素がまったくなくなります。天皇や上皇の発願《ほつがん》で創建されたお寺を「勅願寺」といいます。その代表格は聖武天皇が発願した奈良の東大寺です。かつて天皇家は仏教と密接な関係にあったんですが、神道だけになったのです。

第五章　日本史を学ぶ意義

知ることの大切さ

僕は三〇年にわたって、学年末のテストに同じ問題を出しています。それは「歴史を学ぶ意義について述べよ」という問題です。歴史は学ぶ価値があるのかないのか、という根源的な問いかけですね。「ない」っていう答えもありです。ないならないで、その理由を書けばいい。僕は心の狭い人間ではないので、日本史の研究に捧げてきた自分の人生が真っ向から否定されても、納得せざるを得ない〝不要論〟を書いた学生には高得点をつけます。もちろん僕自身は「意義がある」と思っているから、日本史の研究を続けているわけですけれど。

じゃあ、どんな意義があるのか。それについて、三段階に分けて論じます。第一段階は「学ぶこと、知ることは基本的に大切である」ということの再確認です。勉強嫌いな子を諭すような青臭いことを改めていうのは、今も反知性主義という流れが極めて強く存在するからです。どちらかというと、感性のほうを重視する風潮が強い。「いちいち学ぶこと、知ることに頼る必要はない」と主張するような人たちが台頭してきています。

深く学ぶこと、豊かに知ることは、それなりに手順を踏まなくてはいけないので、面倒臭いんです。だけれども、それを本当に放棄してしまっていいのでしょうか。人間というのは、当たり前のことだけれども、学ぶことによって進歩をしてきました。感性という感じる力みたいなものを否定するつもりはありませんが、知的な営み、この場合の知的は言語化するという意味になりますが、どんなときもそれが必要ではないでしょうか。

人は言語化することによって、自分がなにをしているのかを自覚できるわけで、そういうことを自分に習慣づけることを怠って、そのときの気分に任せてコロコロいうことが変わっていたら、一貫性のない人間になってしまいます。昨日言ったこと、今日言ったこと、明日言うことがまったく違っていたら、人との約束を守ることもできないでしょうから、誰からも信用されなくなって大変厄介なことになると思います。感性だけで言語化をしなかったら、人生がままならないことになりかねないんですね。

言語化することで自分がやっていることを理解し、自分の行いをすべてコントロールして、自分という人間を一元的に制御する。また自分の行いについて、なにを考えてそうしているのかを言語化して常にきちんと説明できる。つまり一貫的であること、説明責任を果たすことが非常に大事で、いってみればそれが大人のわきまえというか、大人の責務だと思います。昨日の私、今日の私、明日の私がてんでんばらばらで違うということでは、責任のある大人の態度とはいえないわけです。だから、知ることの大切さ、学ぶことの大切さというものを肝に銘じておくべきだと思います。

言語化には大きなメリットがあります。その一例が、幕末の剣術家・千葉周作です。江戸の神田於玉ヶ池《おたまがいけ》というところにあった周作の道場は大変評判がよく、大勢の門弟がいて江戸一番の繁栄を誇っていました。その理由は周作が剣の道を精神論だけではなく、言語化して具体的に示したからです。周作はこういうときは、こういうふうに体を動かすとこうなるでしょう、そうすると相手に勝てるんだよ、というふうに剣の学び方、上達の仕方をいくつもの範疇《はんちゅう》に分けて、典型的なモデルをきちんと作り、言語化して教えました。

そうすると、門弟は先生のいうとおりにやっていると、上手《うま》くなったなと実感できたんですね。精神論だけの剣の道だと、上手くなっているのか確信が持てず、実際に刀を抜いて斬り合わないとわからなかったりします。それでは、いくつ命があっても足りません。だから周作は剣をある種のスポーツにした、といういい方をされますが、言語化することで多くの人に教えることができたわけです。

江戸時代から職人は親方の背中をみて技を盗め、といわれてきました。でも、言語化することに手を抜いているといわれたら、確かにそういう面はあるでしょう。剣術や職人の世界に限らず、どんな世界でもある程度の言語化は必要なことだと思います。

日本史を学ぶ意味

第二段階では、日本史を学ぶことにどういう意味があるのか、日本史を学ぶことがなぜ大切なのか、それについて説明します。結論から先にいえば、日本史を学ぶことは、現代の我々を知ることになり、それゆえに意味があるし、大切だと思っています。歴史学では「すべての歴史は現代史である」ともいわれ、そのキーワードは「比較」です。

自分の顔は、鏡がなければどんな顔だかよくわからないですよね。もしこの世の中に鏡がなかったら、自分はイケメンなのかブサメンなのか、それすらもわからない。では、どうするのか。僕なら、女性と相対したときの相手の反応を鏡の代わりにします。女性が僕と話すとき、とても頬を上気させ楽しげであれば、俺の顔ってもしかするといい男なのかもしれないと判断可能なわけです。逆につっけんどんな態度を取られたり、僕が礼を尽くして話しかけても、上辺は大変礼儀正しく対応してくれているけど、僕と話すことがものすごく苦痛であるかのように受け止められる場合は、俺ってもしかすると変な顔しているのかなと思わざるを得ない。つまり相手の反応をみて、自分を知るということです。

歴史に置き換えれば、歴史を学ぶことは現代の我々の姿を映す鏡を手に入れることになるわけです。鏡を持っていれば、現代の我々がイケているのかいないのか、一目瞭然でわかります。学ぶ歴史は日本史に限らず、どの国の歴史でも構いません。ベトナムの古代史でも、ヨーロッパの中世史でもいい。それを学んで今の日本社会と比較することによって、今、僕たちが置かれている状況は、どこまでが普遍的で、どこからが特殊なのか、ということがよくわかる。そうすると僕たちが置かれている立場が、どういうものなのかを理解できるようになると思います。

第三章で少しふれましたが、いま世界に三〇ぐらいある王家では、生前退位が当たり前で、退位した王や女王に対する特別な称号がありません。一方、日本では約二〇〇年ぶりに天皇陛下の生前退位が行われ、前天皇には上皇陛下という敬称が贈られました。外国のそういう状況を知った上で天皇のあり方をみると、相当特殊だということがわかります。さらに日本の歴史において、天皇と上皇がどのような関係性であったのかを学べば、今の天皇や上皇はどうあるべきかという議論にもいかせます。

戦後に制定された日本国憲法に基づく象徴天皇は、同じ天皇という名称でも戦前までの天皇とは異なる新しい天皇であるから、天皇と上皇の関係も伝統に縛られる必要はない。そういう思い切ったズバッとした考え方もあります。それに対して、わが国は長く豊かな伝統があるのだから、やはりそれを重んじて伝統に則るべきだという考え方もあり得るわけです。歴史には天皇制をはじめ、今の日本という国のあり方を考えるための素材がたくさんあって、それはとても重要なことだと思っています。僕たちがどういう社会を目指すべきなのか、それを考えるときの尺度のひとつになるからです。

より深く学び因果関係を考える

では、第三段階とはなにか。それは日本史を勉強するだけでなく、深く学ぶことが大事であるということです。現状、文系の学問は中央官庁から轂潰《ごくつぶ》し呼ばわりされ、人もお金も遮断されつつあって、次々にポストを召し上げられています。このままいくと、国立大学から相当な確率で、歴史学、文学、哲学あたりは消えるかもしれません。三〇年後には、国立大学からなくなるかもしれない、そういう状況です。

さらに財界の方々からも、大学はなにをやっているんだというお叱りをしばしば受けます。財界からよくいわれるのは、大学の四年間でなにも身につけていない、我々企業が学生を教育しなくてはいけないという苦情です。企業の側は即戦力となる学生が欲しいわけです。即戦力になる人材というのは、コンピューターと英語を使いこなせること。せめて、それぐらいはできてほしいという話なんでしょう。要するに社会に出たとき、即戦力としてすぐに使える実学を教えなさい、という注文がなされているわけです。

人生とはなにか、人が生きるとはどういう意味があるのか、そういう漠然としたことだけを考えて飯が食えるか！というのが財界の論理で、文系の学問は企業の現場からも嫌われています。同じ文系でも経済学は実学系なので、安泰だろうと思っていたら、そうでもないらしいと知ってびっくりしました。アダム・スミスとかケインズといった経済学の大家といわれるような学者たちの理論、つまり哲学的なところまで学ぶのは流行《はや》らないようです。経済学の中でも経営学のように、企業を維持するためにはどうすればいいのか、社長はどうやって選べばいいのか、といった対症療法のようなものが好まれるそうです。経済学ですらそのような状況ですから、ましてや歴史学、文学、哲学に至っては、社会に出てからなんの役にも立たない学問、ということになるんです。でも、本当にそうでしょうか。

僕は学生たちに講義をするときに、どういうことを伝えるべきなのか、自分なりに考えてきました。日本史は自分の国の歴史なので、知っておいて損はないし、日本人のアイデンティティを理解することにもなります。世界に出て行ったとき、日本人の特質みたいなものをしっかりと頭の中に入れておけば、中国人のAさん、アメリカ人のBさん、エジプト人のCさんとの違いが理解できるわけです。だから実学的にも、日本史を学ぶことに意味があると思っています。

でも日本史を学ぶ選択した学生が、自分のところへやってきて、卒論まで面倒をみることになったとき、単に日本や日本人のことがわかってよかったね、というレベルでは物足りないとも思いました。日本史を深く学ぶことにどんな意義があるのか、そこまで教えてあげたい。それで僕が一番具体的に考えたのは、実は就職試験です。

就職試験で試験官に「君は大学四年間で、なにを勉強してきたんだい？」と訊《き》かれ、「日本史です」と答えたときに、その試験官が「いったいそれはどういう学問なんだい？どういうふうに社会の役に立つのかな？　会社のために役立つのかい？　一〇〇〇年も一〇〇〇年も昔のことを勉強して、うちの会社の利益になることはあるのかな？」といわれたら、なんて答えるだろうと考えたわけです。それで、ひとつの答えとして出てきたのが、最初に述べた知ることの大切さです。

知ることは、単に知識を習得するだけではありません。必ず裏を取る、つまり、得た知識が間違いないことを裏付ける確実な根拠や証拠を示せることが不可欠です。証拠となるのは、誰もが信用に足ると思える良質なものを選ぶ必要があります。世間の噂話《うわさばなし》をかき集めただけでは信憑性《しんぴょうせい》に欠け、悪意に満ち満ちたような質の悪いものでは、周囲の人を納得させることができず、偏った考え方をする人だと思われてしまいます。そうならないためには、良質な証拠を見抜く目も必要です。

良質な証拠を取捨選択して、裏を取るということがちゃんと身について、普段の生活でもそれを生かしたふる舞いができるようになれば、就活や就職試験のときに「君はなにができるんだい？」と質問されたとき、「自分は日本史を学んだことによって、裏を取ることの大切さを学び、世間の風潮に流されることなく、信用に足る情報を選ぶ目を持つようになりました、これは御社の役に立つはずです」と言えるんじゃないか。回答の一例にはなるのかなと思いました。

でも試験官から「いい大人なんだから、裏を取って発言したり行動するのは当たり前だよね。何の根拠もない主張をされたり、フラフラと行動されたりしたら、たまったもんじゃない。もう少しまじめに考えてくれないか」と言われてしまうかもしれません。

そうすると、その次に必要なのは、〝物語〟を紡ぎ出すことだと思いました。『かぐや姫』のような昔話を創作することではありません。原因と結果、つまり因果関係でものごとを捉えていく姿勢が、物語を生むのではないかと考えています。何らかの原因と何らかの結果を関連づけることで、こうした原因があって、こうした結果になったという短い物語、ストーリーをつくることです。

歴史学では、ひとつの歴史的な事件の原因が、どこにあるのかを探求していく際、因果関係で考えることが非常に重要です。まず原因をしっかりと押さえて、こういうことがあったら、それだけでは収まらないな、いろんなところに波及していくなと考え、結果を予測します。また逆に結果をみて、こういうことになった原因はどこにあるのだろうか、と考える場合もあります。そういうふたつの方向性があるわけです。

原因と結果がつながった短い物語をいくつも重ねることによって、だんだんと大きな物語が生まれてくるのではないかとも思っています。今は社会に出てすぐに役立つ実学が重んじられ、大きな物語は必要とされない世の中であることは重々承知しています。ですが、やはりあえてそうした大きな物語を作り出すこと、あるいは作り出す修練を積むことによって、人に聞いてもらえる、あるいは人を惹《ひ》きつける、そういう話ができるようになるのではないでしょうか。それから、ただの話で終わらないで、それを基に自分はどうすべきなのか、会社がどっちの方向へいくほうがいいのか、社会にどう対処すべきなのか、そういったことを考えるときに、大きく判断を誤らないことにもなると思います。

物語をつくるときには、必ず帰納という作業が求められます。帰納は具体的な事例を複数集めて、そこから一般的、普遍的な法則を導き出す思考方法です。日本史の場合だと、古文書などを調べて、いくつもの事例を抜き出し、それを一般的、普遍的な法則、つまり歴史の理屈をそこに見出していくわけです。

具体的に帰納法の例を示すと、以下のようになります。日本という国は、朝鮮半島で起きた白村江の戦に敗れた後、それまでなかった法律を整備して律令国家をつくった。鎖国をしていた江戸時代は、国の政治体制がほとんど変わらなかった。アメリカとの戦争に敗れると、立憲君主制から民主主義になった。これらの個別の事例を帰納していくと、日本の国のあり方が大きく変わる原因として「外圧」があった、という一般的な法則を導き出すことができます。

いったんそうした因果関係に基づく物語ができたら、今度はその物語を別な歴史的事実に寄せていって、その物語を使って原因を探るわけです。これは演繹《えんえき》という思考方法で、一般的、普遍的な法則から個別の結論を導き出す考え方です。演繹法の具体例は、このようになります。江戸幕府が倒されて、明治政府が樹立されたという歴史的事実がある。その発端はなんだったんだろうと考える際に演繹の作用を駆使する。すると、日本の国のあり方が大きく変わるときは「外圧」がある、というのが法則であるならば、黒船と呼ばれるアメリカの蒸気船（当時の最新鋭艦）が突然来航したことが発端ではないか、という仮説が導き出されるわけです。

帰納、演繹のどちらにおいても、大事なのは因果関係を見出すことです。歴史の森に踏み入って、これかな、あれかな、これこそがこの結果をもたらした原因なのではないか、と一般的な法則を導き出す。でも、この一般的な法則はあくまで仮説なんですね、仮の物語。その仮の物語を用いて、今度は別な事例の原因を探る。つまり演繹するわけです。だけど仮の物語を用いて演繹しても、原因を突き止められないことがあります。

そのときは最初につくった仮の物語とは違う、別の物語を帰納によって新たに作り出し、今度は新たな仮の物語で演繹してみる。そうやって帰納と演繹を繰り返すことで、検証を重ねていく。歴史の学問では、このふたつの思考法で物語を作り出すことが、なによりも重要なことだと思います。物語を使って世の中を解析していく学問が、すなわち歴史学であるといえないだろうかと考えています。

歴史研究者は、帰納と演繹を使い分けながら物語を構築し、その有用性を検証して確かめていくということをきちんと地道に繰り返していくうちに、経験値を蓄積していきます。そうすると、これが帰納だ、これが演繹だ、ということをあまり意識しなくても、この物語は筋が悪いぞ、この物語はよくできているぞ、ということを自然に知覚できるようになるんですね。一八世紀のドイツの哲学者カントは、時間のように経験を必要としない概念や認識を〝アプリオリ〟と定義しました。アプリオリは日本語では〝先験的〟と訳されたりしますが、要するに直観で理解できるということです。歴史学ではカントの学説とは違う形、つまり経験によってアプリオリが養われ、直観的にものごとを判断できるようになっていくわけです。

歴史学は思考法の実験場

理系の場合、たとえば数学者は定理を学べば成果が出せるというものではなく、誰も思いつかないような天才的なひらめきが必要で、しかも二〇代までが勝負だという話を聞いたことがあります。それぐらいの年齢までに飛びぬけたひらめきがないと、何十年数学を続けてもたいした成果は残せないそうです。歴史学者には、そこまでの頭脳は必要ありません。地道にコツコツと因果関係を見出し、物語をつくって、物語がどこまでちゃんとできているかを検証し、その繰り返しによって経験値を稼いでいくと、経験値の積み重ねがものをいって、歴史の見方、判断がアプリオリにできるようになっていきます。歴史学は若くして結果がだせなくても、いつの日にか大きな成果をあげられる可能性のある学問なんです。

教員である僕の役割は、因果関係を見出すための手順を学生に教えて覚えてもらって、これがあるからこうなる、こうなると次はこうなる、ということを見抜く思考力を身につけてもらうことなんだろうと思っています。日本史の学びをとおして、この思考法をしっかりと身につければ、社会人として働くようになったとき、先のことまで予測できるようになり、必ず意味のある仕事ができるだろうと考えるようになりました。

編集者を例にとれば、本の企画を立ち上げて、筆者となる人物に会いに行き、ちょっと話をすれば、どうもこの人は社会の評価とは異なっていい加減なところがあるなとか、噂以上にすばらしい人だとか、そういうことがアプリオリにわかるようになります。さらに、この本は売れるだろうな、あの本はうまくいけば売れるかもしれない、その本はどうも売れそうにないな、ということまでなんとなくわかってきます。

そういう能力は編集という仕事だけではなく、どんな職業でもいかせると思います。この人と仕事をすると面白いことができそうだとか、こういう材料を集めていくと、こういうビジネスにつながるのではないか、ということがみえてくるようになるんです。そういった経験値を積み重ねていくことで、いずれ大きな仕事ができるだろうし、いろいろな人とも知り合うようになり、自分自身が人間の幅を広げていくことにもつながるのではないでしょうか。

けれども中核に考える力がないと、そういった能力が備わってこないわけです。そういう意味でいえば、歴史学は思考法のひとつの実験場になり得ると思います。だから、日本史を学ぶ意義は十分にある。歴史を学ぶ価値があるのかないのかずっと考えてきて、因果関係を見出すことに価値がある、という答えがやっと出てきました。

ちくまプリマー新書

110 百姓たちの江戸時代　渡辺尚志

江戸時代の人口の八割は百姓だった。私たちの祖先であるかれらは、何を食べ、どのように働き、暮らしていたのだろう？　歴史に学び、今の生活を見つめなおす。

282 歴史に「何を」学ぶのか　半藤一利

「いま」を考えるための歴史へのアプローチ！　歴史探偵への目覚め、天皇退位問題の背景、アメリカの現在と過去……未来へ向けた歴史の学び方を語り尽くす。

314 歴史を知る楽しみ——史料から日本史を読みなおす　家近良樹

歴史を学ぶことは昔の出来事を暗記することじゃない！教科書を飛び出し歴史学の世界へ。幕末史の第一人者が意外な史実満載で贈る、とっておき歴史の楽しみ方。

341 はじめての日本古代史　倉本一宏

日本が誕生する瞬間を体感せよ！「農耕のはじまり」「律令国家の形成」から「院政の開始」「武士の台頭」までを一気に駆け抜ける。すべての日本人必読の一冊。

ちくまプリマー新書

312
はじめての明治史
――東大駒場連続講義
山口輝臣編
「幕府はどうして倒れたのか？」「日露戦争はなぜ起きたのか？」など、近代史の謎に第一線の歴史家が挑み、学生の鋭い問いに答える。スリリングな講義の実況中継。

248
地名の楽しみ
今尾恵介
歴史や地形のみならず、人の希望や打算も映す地名には、平安の昔から引き継がれてきたものもある。各地の地名の由緒をたどり、楽しみつつ地名の今を考える。

086
若い人に語る戦争と日本人
保阪正康
昭和は悲惨な戦争にあけくれた時代だった。本書は、戦争の本質やその内実をさぐりながら、私たち日本人の国民性を知り、歴史から学ぶことの必要性を問いかける。

129
15歳の東京大空襲
半藤一利
昭和十六年、東京下町の向島。すべてが戦争にくみこまれる激動の日々が幕をあけた。戦時下を必死に生きた一少年が、悩み、喜び、悲しみ、何を考えたかの物語。

ちくまプリマー新書

ちくまプリマー新書

265
身体が語る人間の歴史
——人類学の冒険
片山一道
人間はなぜユニークなのか。なぜこれほど多様なのか。日本からポリネシアまで世界を巡る人類学者が、身体の歴史を読みとき、人間という不思議な存在の本質に迫る。

313
謎解き　聖書物語
長谷川修一
旧約聖書につづられた物語は史実なのか、それともフィクションなのか？　最新の考古学的研究をもとに謎に迫り、流れを一望。知識ゼロからわかる聖書入門の決定版。

331
はじめてのギリシア神話
松村一男
世界の始まりを描いたギリシア神話はどんなふうに成立したか。二千年を経てもなお人々を魅了するストーリーやキャラクターを紹介し、その歴史的背景を探る。

067
いのちはなぜ大切なのか
小澤竹俊
いのちはなぜ大切なの？——この問いにどう答える？子どもたちが自分や他人を傷つけないために、どんなケアが必要か？　ホスピス医による真の「いのちの授業」。

ちくまプリマー新書

226
何のために「学ぶ」のか
――〈中学生からの大学講義〉1
外山滋比古　前田英樹　今福龍太
大事なのは知識じゃない。正解のない問いを、考え続けるための知恵である。変化の激しい時代を生きる若い人たちへ、学びの達人たちが語る、心に響くメッセージ。

227
考える方法
――〈中学生からの大学講義〉2
永井均　池内了　管啓次郎
世の中には、言葉で表現できないことや答えのない問題がたくさんある。簡単に結論に飛びつかないために、考える達人が物事を解きほぐすことの豊かさを伝える。

228
科学は未来をひらく
――〈中学生からの大学講義〉3
村上陽一郎　中村桂子　佐藤勝彦
宇宙はいつ始まったのか？　生き物はどうして生きているのか？　科学は長い間、多くの疑問に挑み続けている。第一線で活躍する著者たちが広くて深い世界に誘う。

229
揺らぐ世界
――〈中学生からの大学講義〉4
立花隆　岡真理　橋爪大三郎
紛争、格差、環境問題……。世界はいまも多くの問題を抱えて揺らぐ。これらを理解するための視点は、どうすれば身につくのか。多彩な先生たちが示すヒント。

ちくまプリマー新書

230
生き抜く力を身につける
――〈中学生からの大学講義〉5
大澤真幸
北田暁大
多木浩二

いくらでも選択肢のあるこの社会で、私たちは息苦しさを感じている。既存の枠組みを超えてきた先人達から、見取り図のない時代を生きるサバイバル技術を学ぼう！

305
学ぶということ
――続・中学生からの大学講義1
桐光学園＋
ちくまプリマー新書編集部編

受験突破だけが目標じゃない。学び、考え続ければ重い扉が開くこともある。変化の激しい時代を生きる若い人たちへ、先達が伝える、これからの学びかた・考えかた。

306
学ぶということ
――続・中学生からの大学講義2
桐光学園＋
ちくまプリマー新書編集部編

人類の長い歩みには、「これから」を学ぶヒントがいっぱいつまっている。その読み解きかたを先達に学び、君たち自身の手で未来をつくっていこう！

307
学ぶということ
――続・中学生からの大学講義3
桐光学園＋
ちくまプリマー新書編集部編

技術やネットワークが進化した今、一人でも様々なことができるようになってきた。新しい価値観を創る力を身につけて、自由な発想で一歩を踏み出そう。

ちくまプリマー新書344
日本史でたどるニッポン
二〇二〇年二月十日　初版第一刷発行

著者　本郷和人（ほんごう・かずと）
装幀　クラフト・エヴィング商會
発行者　喜入冬子
発行所　株式会社筑摩書房
東京都台東区蔵前二-五-三　〒一一一-八七五五
電話番号　〇三-五六八七-二六〇一（代表）
印刷・製本　中央精版印刷株式会社
ISBN978-4-480-68371-7 C0221 Printed in Japan